PRESO SIN NOMBRE, CELDA SIN NÚMERO

THE AMERICAS

Series Editor:

ILAN STAVANS

Associate Editor:

IRENE VILAR

■

Advisory Board:

Homero Aridjis

Ariel Dorfman

Rosario Ferré

Jean Franco

Alvaro Mutis

Mirta Ojito

Margaret Sayers Peden

Luis J. Rodriguez

Bob Shacochis

Doug Unger

The University of Wisconsin Press

JACOBO TIMERMAN

PRESO SIN NOMBRE, CELDA SIN NÚMERO

THE UNIVERSITY OF WISCONSIN PRESS

The University of Wisconsin Press
1930 Monroe Street, 3rd Floor
Madison, Wisconsin 53711-2059
uwpress.wisc.edu

3 Henrietta Street, Covent Garden
London WC2E 8LU, United Kingdom
eurospanbookstore.com

Originally published in English by Alfred A. Knopf
in the United States. First edition in Spanish: Random Editores,
New York, 1981.

The writings of Arthur Miller and Ariel Dorfman were written as
a response to the death of Timerman; J. Davis translated the first.

Printed in the United States of America

A Cataloging-in-Publication record for this book is available from
the Library of Congress.

ISBN 978-0-299-20044-2 (pbk.: alk. paper)

Jacobo Timerman

Arthur Miller

Nunca conocí a nadie como Timerman. He conocido cierto número de rebeldes y revolucionarios, y hacia algunos de ellos profesé profundo respeto y un afecto personal. Y también hacia todo hombre o mujer que se hubieran comprometido con la verdad y la justicia. Pero en mayor o menor grado esas personas adherían más profundamente a un partido, a un credo o, al menos, a un grupo que pensaba de modo similar y creía que haría mejor al conjunto de la humanidad si, simplemente, pudiera tomar el poder. Daban por sentado que el poder era la clave para la redención de la Humanidad: específicamente, el poder de la gente buena sobre la mala.

Nunca traté este tema directamente con Timerman, pero creo que refleja su pensamiento decir que precisamente el poder era aquello de lo que más desconfiaba. No se trataba de que se hubiera apartado de él: en realidad, como hombre exudaba poder, sus certezas y su coraje. Más bien trataría de imponer cláusulas estrictas en extremo a cualquiera que ejerciera el poder sobre otros; la más importante de ellas: que no mintieran.

Timerman tenía problemas con todo el mundo y por la misma única razón: no podía tolerar la mendacidad en los poderosos. Esto no era una pose, una actitud, una preferencia: para él, constituía el oxígeno de la política humana, sin el cual todas las buenas intenciones imaginables no eran sino ramas muertas en el árbol de la vida. Una consecuencia de esto era que en su presencia uno tendía a reexaminar sus propias presunciones y creencias. Era un recordatorio vivo de que los profetas reales son irritantes y no mensajeros de confianza. Decía las cosas como eran, ya fuera en la Argentina, Israel, Europa o los Estados Unidos. Tenía un estándar de ética que nadie ha sobrepasado y que pocos alcanzaron. Timerman fue un don para el mundo, que sólo raramente supo cómo aceptarlo con gratitud. Éste fue un hombre justo.

Mi primer encuentro,
mi perpetuo encuentro con Jacobo

Ariel Dorfman

Cuando hablamos en público de Jacobo Timerman, las palabras que enseguida vienen a la mente, una y otra vez, son valentía, inteligencia feroz, honestidad y dignidad a toda prueba, y nuevamente valentía, siempre valentía, no sólo para confrontar a los opresores y poderosos de este mundo sino para enfrentar sus propios demonios interiores, una tarea que a menudo intimida más.

Para mí, sin embargo, Jacobo estará siempre identificado con otro tipo de virtud: la generosidad. Había en él una áspera amabilidad, que se filtraba por detrás de su rudeza, casi como si le creara cierto embarazo mostrar un rasgo que, en el mundo duro y desordenado que lo rodeaba, pudiera ser interpretado como debilidad. Pero era un hombre bueno y no podía evitar el ejercicio incesante de esa bondad. Me di cuenta de esto desde el comienzo, aquel día de diciembre de 1973 en el que entré a su oficina en "La Opinión", el gran diario que dirigía en Buenos Aires. Yo acababa de llegar a la Argentina, huyendo a duras penas de Chile, con mi vida intacta pero enloquecido de dolor por la destrucción de mi país. Enloquecido de dolor y menesteroso también: sin un hogar, una casa, un empleo, una tierra que pudiera llamar míos. Jacobo me había llamado pocas horas después del aterrizaje de mi avión y me había pedido que lo fuera a ver. Unos días después, en su oficina, dijo que quería ofrecerme un trabajo.

¿Podría yo escribir una serie de cuatro artículos sobre mi experiencia en la Embajada argentina en Santiago, donde había buscado asilo pocas semanas después del golpe? "Un millar de refugiados de toda América latina apiñados en la residencia del embajador", dijo Jacobo, "deben haber sucedido muchas cosas interesantes".

Tenía razón, como habitualmente la tenía en materia de periodismo. Habría constituido una desgarradora crónica de una revolución derrotada y su resaca triste, sus héroes, su desesperación. Pero luego de una larga pausa dije que prefería no hacerla, que sentía que sólo podría escribir lo que había sucedido dentro de esa Embajada si contaba toda la verdad, para lo cual no era el momento: estaría exponiendo un costado sucio y desdoroso de nuestra agobiada identidad a los ojos del mundo, y creía que eso distraería de la lucha contra Pinochet y su Junta. "Respeto su decisión", contestó, "pero opino que siempre es necesario contar toda la verdad, y que eso es necesario ahora mismo: nunca debemos subordinar esa necesidad a ninguna causa, por noble que fuere". Recordaría sus palabras pocos años después, cuando él publicaba los nombres de los desaparecidos en la primera plana de su diario; y muchos años después, cuando escribió su libro sobre Israel, una y otra vez recordaría sus palabras.

Pero estoy hablando de su amabilidad. Cuando me levanté para irme, me detuvo. "Ya que estamos, Ariel", dijo, "ese premio que obtuvo aquí" –se refería a una novela que había salido finalista en el Concurso Internacional que "La Opinión" había organizado con Sudamericana pocos meses antes–, "quiero que sepa que nunca pensé que la recompensa fuera suficiente". O puede ser que haya utilizado la palabra "justa" o "adecuada". Lo que tiene importancia es lo que agregó, de modo bastante informal y como si fuera insignificante: "Sólo quería hacerle saber que tiene un cheque por 500 dólares en la Administración. Puede pasar y retirarlo ahora".

Así era Jacobo. Había encontrado la forma de aliviar mi incomodidad financiera inmediata, ayudándome a salir del apuro por los próximos meses, con una cantidad de dinero que en la Argentina de esa época era considerable, y lo había hecho de un modo que no me humillara. Y había retenido la información hasta el final de la charla, de modo que no me sintiera presionado a aceptar su propuesta periodística, así no tenía que escribir lo que me pedía cumpliendo una deuda de agradecimiento. El cheque estaría allí cualquiera que fuere mi respuesta, pero él se aseguró de que esa respuesta habría de dársela yo desde una posición de libertad e igualdad.

De manera que ese primer encuentro con Jacobo Timerman no solamente me reveló la compasión y benevolencia de un hombre, sino que contiene la clave de algo que tuvo consecuencias de largo alcance en la historia de América latina. Su deferencia hacia mí, su confianza en mi opinión e independencia, sin importarle la medida en que pudiera discrepar él de mis conclusiones, me revela hoy, tantas décadas después, cómo se manejaba Jacobo para formar a mujeres y hombres jóvenes que habrían de convertirse en los mejores periodistas de la Argentina; aquellos que, en los últimos diez años, forjaron la columna vertebral del país, al investigar los horrores del pasado y denunciar la corrupción del presente. Ése es su perdurable legado.

Una nota final. La vez siguiente que nos encontramos, le agradecí su solidaridad. Hizo un gesto de impaciencia. "Nunca vuelva a mencionarme eso en mi vida", dijo, y su voz sonaba casi enojada.

Hice lo que me pidió. En todos nuestros años de amistad, aunque les mencioné el episodio a muchos otros, nunca volví a hablar con él directamente acerca de ese acto de generosidad.

Ahora, creo, ha llegado el momento de desobedecerle.

Ahora puedo decirle, llegando a él más allá de la muerte: Jacobo, gracias, no sabes cuánto te agradezco lo que hiciste por mí, por todos nosotros.

a Marshall Meyer,
un rabino que llevó consuelo
a los presos judíos, cristianos y ateos
en las cárceles argentinas

Prefacio

Mi padre fue Natan Timerman. Natan ben Jacob. Y yo soy Jacob ben Natan. Jacob para honrar al padre de mi padre. Por esos extraños senderos bifurcados del judaísmo, los Timerman escaparon a la ocupación española de los Países Bajos, y de la Inquisición, para llegar a un pequeño pueblo de la Vinnitsa Oblast, en Ucrania, llamado Bar. Los relatos familiares –no muy precisos y muchas veces tocados por la vanidad– insisten en que los Timerman fueron prominentes en la Comunidad, y lucharon por los derechos judíos.

Debió ser una comunidad culta y luchadora, presumo, porque ya en 1556 los judíos de Bar llegaron a un acuerdo con sus conciudadanos, y obtuvieron permiso para ser propietarios de edificios, gozar de los mismos derechos y deberes que los demás residentes, e incluso para viajar a otras ciudades del distrito cuando los motivos eran familiares o comerciales.

Por supuesto que el jefe cosaco Jmelnitsky, hacia el 1650, masacró a todos los judíos que logró apresar cuando pasó por Bar. Pero se recuperaron, suponiendo que algo tan terrible como la existencia de los asesinos cosacos sólo podía ser la última prueba de Dios antes de la llegada del Mesías. Y tanta era su seguridad, que el 1717 construyeron su Gran Sinagoga, con permiso, claro está, del Obispo. A esa sinagoga asistí yo con mi padre, sus seis hermanos varones y todos mis primos, y llevo encerrada en mí una vaga nostalgia de unos hombres altos y barbudos que no sonreían.

En esa sinagoga murieron carbonizados algunos judíos cuando los nazis la incendiaron al entrar en Bar en 1941. Todos los otros judíos de Bar –más algunos de los alrededores, y con ellos los Timerman– que habían quedado vivos de las pruebas a que fueron sometidos por Dios para anunciar la llegada del Mesías –según sostenían sus rabinos–, fueron asesinados por los nazis en octubre de 1942. Unos doce mil en un par de jornadas. Mi padre había partido de Bar hacia Buenos Aires en 1928.

En el año 1977, en la Argentina, la misma convicción ideológica que motivó a Jmelnitsky y a los nazis, vibraba en las preguntas de quienes me interrogaron en las cárceles clandestinas del Ejército.

Y en sus métodos de tortura.

Pero he sobrevivido, para dar testimonio. Y lo hago, a los cincuenta y siete años de edad, en la Tierra de Israel, donde comienzo este libro a los pocos días de haber nacido el primer Timerman israelí, que se llama Nahum ben Natan ben Jacob. Es decir, Nahum (el que trae consuelo), hijo de Natan que es hijo de Jacob que es hijo de aquel Natan que en Bar fue hijo de Jacob, de cuya tumba se despidió cuando partió hacia la Argentina.

Hemos recorrido todo el camino.

1

La celda es angosta. Cuando me paro en el centro, mirando hacia la puerta de acero, no puedo extender los brazos. Pero la celda es larga. Cuando me acuesto, puedo extender todo el cuerpo. Es una suerte, porque vengo de una celda en la cual estuve un tiempo –¿cuánto?– encogido, sentado, acostado con las rodillas dobladas.

La celda es muy alta. Saltando, no llego al techo. Las paredes blancas, recién encaladas. Seguramente había nombres, mensajes, palabras de aliento, fechas. Ahora no hay testimonios, ni vestigios.

El piso de la celda está permanentemente mojado. Hay una filtración por algún lado. El colchón también está mojado. Y tengo una manta. Me dieron una manta, y para que no se humedezca la llevo siempre sobre los hombros. Pero si me acuesto con la manta encima, quedo empapado de agua en la parte que toca el colchón. Descubro que es mejor enrollar el colchón, para que una parte no toque el suelo. Con el tiempo la parte superior se seca. Pero ya no puedo acostarme, y duermo sentado. Vivo, durante todo este tiempo –¿cuánto?–, parado o sentado.

La celda tiene una puerta de acero con una abertura que deja ver una porción de la cara, o quizás un poco menos. Pero la guardia tiene orden de mantener la abertura cerrada. La luz llega desde afuera, por una pequeña rendija que sirve también de respiradero. Es el único respiradero y la única luz. Una lamparilla prendida día y noche, lo que elimina el tiempo. Produce una semipenumbra en un ambiente de aire viciado, de semiaire.

Extraño la celda desde la cual me trajeron a ésta –¿desde dónde?– porque tenía un agujero en el suelo para orinar y defecar. En ésta en que estoy ahora tengo que llamar a la guardia para que me lleve a los baños. Es una operación complicada, y no siempre están de humor: tienen que abrir una puerta que seguramente es la entrada del pabellón donde está mi celda, cerrarla por dentro, anunciarme que van a abrir la puerta de mi celda para que yo me coloque de espaldas a ésta, vendarme los ojos, irme guiando hasta los baños, y traerme de vuelta repitiendo toda la operación. Les causa gracia a veces decirme que ya estoy sobre el pozo cuando aún no estoy. O guiarme –me llevan de una mano o me empujan por la espalda–, de modo tal que hundo una pierna en el pozo. Pero se cansan del juego, y entonces no responden al llamado. Me hago encima. Y por eso extraño la celda en la cual había un pozo en el suelo.

Me hago encima. Y entonces necesito permiso especial para lavar la ropa, y esperar desnudo en mi celda hasta que me la traigan ya seca. A veces pasan días porque –me dicen– está lloviendo. Estoy tan solo que prefiero creerles. Pero extraño mi celda con el pozo dentro.

La disciplina de la guardia no es muy buena. Muchas veces algún guardia me da la comida sin vendarme los ojos. Entonces le veo la cara. Sonríe. Les fatiga hacer el trabajo de guardianes porque también tienen que actuar de torturadores, interrogadores, realizar las operaciones de secuestro. En estas cárceles clandestinas sólo pueden actuar ellos, y deben hacer todas las tareas. Pero a cambio, tienen derecho a una parte del botín en cada arresto. Uno de los guardianes lleva mi reloj. En uno de los interrogatorios, otro de los guardianes me convida con un cigarrillo y lo prende con el encendedor de mi esposa. Supe después que tenían orden del Ejército de no robar en mi casa durante mi secuestro, pero sucumbieron a las tentaciones. Los Rolex de oro y los Dupont de oro constituían casi una obsesión de las fuerzas de seguridad argentinas en ese año de 1977.

En la noche de hoy, un guardia que no cumple con el Reglamento dejó abierta la mirilla que hay en mi puerta. Espero un tiempo a ver qué pasa, pero sigue abierta. Me abalanzo, miro hacia afuera. Hay un estrecho pasillo, y alcanzo a divisar frente a mi celda, por lo menos dos puertas más. Sí, abarco completas dos puertas. ¡Qué sensación de libertad! Todo un universo se agregó a mi Tiempo, ese largo tiempo que permanece junto a mí en la celda, conmigo, pesando sobre mí. Ese peligroso enemigo del hombre que es el Tiempo cuando se puede casi tocar su existencia, su perdurabilidad, su eternidad.

Hay mucha luz en el pasillo. Retrocedo un poco enceguecido, pero vuelvo con voracidad. Trato de llenarme del espacio que veo. Hace mucho que no tengo sentido de las distancias y de las proporciones. Siento como si me fuera desatando. Para mirar debo apoyar la cara contra la puerta de acero, que está helada. Y a medida que pasan los minutos, se me hace insoportable el frío. Tengo toda la frente apoyada contra el acero, y el frío me hace doler la cabeza. Pero hace ya mucho tiempo –¿cuánto?– que no tengo una fiesta de espacio como ésta. Ahora apoyo la oreja, pero no se escucha ningún ruido. Vuelvo entonces a mirar.

Él está haciendo lo mismo. Descubro que en la puerta frente a la mía también está la mirilla abierta y hay un ojo. Me sobresalto: me han tendido una trampa. Está prohibido acercarse a la mirilla, y me han visto hacerlo. Retrocedo, y espero. Espero un Tiempo, y otro Tiempo, y más Tiempo. Y vuelvo a la mirilla.

Él está haciendo lo mismo.

Y entonces tengo que hablar de ti, de esa larga noche que pasamos juntos, en que fuiste mi hermano, mi padre, mi hijo, mi amigo. ¿O eras una mujer? Y entonces pasamos esa noche como enamorados. Eras un ojo, pero recuerdas esa noche, ¿no es cierto? Porque me dijeron que habías muerto, que eras débil del corazón y no aguantaste la "máquina", pero no me dijeron si eras hombre o mujer. Y, sin embargo, ¿cómo puedes haber muerto, si esa noche fue cuando derrotamos a la muerte?

Tienes que recordar, es necesario que recuerdes, porque si no me obligas a recordar por los dos, y fue tan hermoso que necesito también tu testimonio. Parpadeabas. Recuerdo perfectamente que parpadeabas, y ese aluvión de movimientos demostraba sin duda alguna que yo no era el último ser humano sobre la Tierra en un Universo de guardianes torturadores. A veces, en la celda, movía un brazo o una pierna para ver algún movimiento sin violencia, diferente de cuando los guardias me arrastraban o empujaban. Y tú parpadeabas. Fue hermoso.

Eras —¿eres?— una persona de altas cualidades humanas, y seguramente con un profundo conocimiento de la vida, porque esa noche inventaste todos los juegos; en nuestro mundo clausurado habías creado el Movimiento. De pronto te apartabas y volvías. Al principio me asustaste. Pero enseguida comprendí que recreabas la gran aventura humana del encuentro y el desencuentro. Y entonces jugué contigo. A veces volvíamos a la mirilla al mismo tiempo, y era tan sólido el sentimiento de triunfo, que parecíamos inmortales. Éramos inmortales.

Volviste a asustarme una segunda vez, cuando desapareciste por un momento prolongado. Me apreté contra la mirilla, desesperado. Tenía la frente helada y en la noche fría –¿era de noche, no es cierto?– me saqué la camisa para apoyar la frente. Cuando volviste, yo estaba furioso, y seguramente viste la furia en mi ojo porque no volviste a desaparecer. Debió ser un gran esfuerzo para ti, porque unos días después, cuando me llevaban a una sesión de "máquina" escuché que un guardia le comentaba a otro que había utilizado tus muletas como leña. Pero sabes muy bien que muchas veces empleaban esas tretas para ablandarnos antes de una pasada por la "máquina", una charla con la Susana, como decían ellos. Y yo no les creí. Te juro que no les creí. Nadie podía destruir en mí la inmortalidad que creamos juntos esa noche de amor y camaradería.

Eras –¿eres?– muy inteligente. A mí no se me hubiera ocurrido más que mirar, y mirar, y mirar. Pero tú de pronto colocabas tu barbilla frente a la mirilla. O la boca. O parte de la frente. Pero yo estaba muy desesperado. Y muy asustado. Me aferraba a la mirilla solamente para mirar. Intenté, te aseguro, poner por un momento la mejilla, pero entonces volvía a ver el interior de la celda, y me asustaba. Era tan nítida la separación entre la vida y la soledad, que sabiendo que tú estabas ahí, no podía mirar hacia la celda. Pero tú me perdonaste, porque seguías vital y móvil. Yo entendí que me estabas consolando, y comencé a llorar. En silencio, claro. No te preocupes, sabía que no podía arriesgar ningún ruido. Pero tú viste que lloraba, ¿verdad?, lo viste, sí. Me hizo bien llorar ante ti, porque sabes bien cuán triste es cuando en la celda uno se dice a sí mismo que es hora de llorar un poco, y uno llora sin armonía, con congoja, con sobresalto. Pero contigo pude llorar serena y pacíficamente. Más bien, es como si uno se dejara llorar. Como si todo se llorara en uno, y entonces podría ser una oración más que un llanto. No te imaginas cómo odiaba ese llanto entrecortado de la celda. Tú me enseñaste, esa noche, que podíamos ser Compañeros del Llanto.

No sé por qué, pero estoy seguro de que eres –¿eras?– un hombre joven, de mediana estatura. Digamos treinta y cinco años, con un gran sentido del humor. Unos días después un guardia vino a ablandarme a la celda. Me dio un cigarrillo. Le tocaba el papel del bueno, me aconsejó que contara todo, me dijo que tenía gran experiencia y que personas de mi edad terminan por morir en brazos de la Susana, que el corazón no les aguanta mucho los shocks eléctricos, y me dijo que a vos te habían "enfriado". Me lo dijo así: "Mirá, Jacobo, tu obligación es únicamente sobrevivir. La política cambia. Vas a salir. Ustedes los judíos se ayudan entre sí. Vas a hacer una fortuna otra vez. Tenés hijos. Aquí, en la celda frente a la tuya había un loco. Lo enfriamos. Mirá, Jacobo...".

No le creí. Si yo aguantaba, seguro que tú también aguantaste. ¿Eras enfermo del corazón? Imposible. Tenías un corazón fuerte, generoso, valiente. A esos corazones no los mata la Susana. Recuerdas que de pronto se apagaron las luces. ¿Sabes qué hice? Me senté sobre el colchón, me envolví en la manta, y me hice el dormido. Me asusté mucho. De pronto me di cuenta de que no me había puesto la camisa. Lo hice apurado. Pero las luces volvieron a prenderse. Y recordé que los guardias a veces se entretenían prendiendo y apagando las luces. Claro que podía ser que estaban utilizando mucha energía para la Susana. Seguramente habían llegado varios presos nuevos, y lo primero que hacían era pasarlos por la máquina, aun antes de preguntarles quiénes eran. La primera sensación del preso tenía que ser una sesión de shocks eléctricos para que bajara las defensas, de entrada. Supe después que cambiaron de técnica, porque algunos se les enfriaron antes de que pudieran interrogarlos. Ni el médico que tenían –¿te acuerdas que constantemente se dejaba crecer una barba, y después de unas semanas se la afeitaba, después se dejaba el bigote, después sólo las patillas, después se dejaba el pelo largo, después corto, todo porque estaba asustado?–, sí, ni el médico que tenían podía salvarlos a veces.

Pero nosotros dos sobrevivimos a todo. ¿Recuerdas cuando me dio un calambre en la pierna mientras me torturaban y dejé de pronto de gritar? Creyeron que me había "ido", y se asustaron. Tenían orden de que confesara porque querían hacer un gran juicio conmigo. No les servía muerto. Sí, quedé de pronto paralizado por el calambre. Y se asustaron. Es curioso que uno tenga conciencia del dolor y de la alegría al mismo tiempo. Porque aunque estaba con los ojos vendados, sentí que se habían asustado. Y me alegré. Luego empecé a aullar otra vez por culpa de la Susana.

No, no creo que lo recuerdes, aunque intenté decírtelo. Pero tu ojo era mucho más expresivo que el mío. Yo te quise relatar ese episodio porque era como haberles ganado una batalla. Pero en esa época vivía muy confundido, y es posible que hubiera pensado decírtelo, sin hacerlo en realidad.

Amigo mío, hermano; ¡cuánto aprendí de ti esa noche! Según mis cálculos debía ser abril o mayo de 1977. De pronto colocabas la nariz frente a la mirilla y te la frotabas. Era una caricia, ¿no es cierto? Sí, acariciabas. Ya habías incorporado tantos mundos a nuestra clausura, y sin embargo volvías a insistir para que todo lo humano retornara a nosotros. Ahora traías la ternura. Te acariciabas la nariz, y me mirabas. Repetiste eso varias veces. Una caricia, y el ojo. Otra caricia y el ojo. Creías que no entendería. Pero sabes muy bien que nos entendimos desde el primer momento. Comprendí muy bien que me decías que la ternura volvería. No sé por qué esa noche afirmabas que la ternura era tan importante como el amor, o quizás más. ¿Porque en la ternura hay resignación, como un sentimiento de resignación? Y quizás tú estabas esa noche resignado. ¿Porque la ternura consuela a la persona que ya está resignada? Sí, la ternura es un consuelo, y el amor, una exigencia. Y tú seguramente necesitabas que te consolara. No, no lo entendí. ¿Entonces, hermano mío, mi amigo, mi Compañero del Llanto, entonces ya sabías y estabas resignado? Pero amigo, hermano, si es cierto, ¿por qué y para quién estoy diciendo todas estas sandeces? ¿Estoy hablando conmigo mismo, como un estúpido? ¿No hay ningún ojo que me mira?

En la madrugada del 15 de abril de 1977 unas veinte personas de civil asaltaron mi departamento en el centro de la ciudad de Buenos Aires. Dijeron que respondían a órdenes de la Décima Brigada de Infantería del Primer Cuerpo de Ejército. Al día siguiente mi esposa buscó informaciones en el Primer Cuerpo de Ejército, y le informaron que nada sabían de mi paradero.

Arrancaron las líneas telefónicas. Se apoderaron de las llaves del coche. Me esposaron por la espalda. Me cubrieron la cabeza con una manta. Me bajaron al subsuelo. Me sacaron la manta y preguntaron cuál era mi coche. Me echaron al suelo del coche, en la parte de atrás. Me cubrieron con la manta. Me pusieron los pies encima. También lo que parecía la culata de un fusil.

Nadie hablaba.

Llegamos a un lugar. Se abrieron unos portones. Chirriaban. Perros ladraban muy cerca. Alguien dijo: "Me siento realizado". Me bajaron. Me acostaron en el suelo.

Pasó un rato largo. Sólo se escuchaban pasos. De pronto, varias carcajadas. Alguien se me acerca, pone lo que debe ser un caño de revólver sobre mi cabeza. Pone una mano sobre mi cabeza. Desde muy cerca –debe estar inclinado sobre mí–, me dice: "Voy a contar hasta diez. Despedite, Jacobito. Se te terminó". No digo nada. Vuelve a hablar: "¿No querés decir tus oraciones?". No digo nada. Comienza a contar.

Su voz está bien modulada. Es lo que podría decir una voz educada. Cuenta lentamente. Pronuncia bien. Es una voz agradable. Sigo en silencio. Y digo para mí:

"¿Era inevitable que muriera así? Sí, era inevitable. ¿Era lo que había deseado? Sí, era lo que había deseado. Esposa mía, hijos míos, os amo. Adiós, adiós, adiós...".

... diez. Ja... Ja... Ja. Oigo risas. Me pongo a reír, también. En voz alta. A carcajadas.

Me sacan la venda de los ojos. Estoy en un amplio despacho, tenuemente iluminado; escritorio, sillones. El coronel Ramón J. Camps, jefe de policía de la provincia de Buenos Aires, me está observando. Ordena que me liberen los brazos, que tengo esposados por la espalda. Les lleva un tiempo porque han perdido las llaves. O quizás sólo fueron unos minutos. Ordena que me den un vaso de agua.

–Timerman –me dice–, de lo que usted conteste a mis preguntas depende su vida.

–¿Sin juicio previo, coronel?

–Su vida depende de lo que conteste.

–¿Quién ordenó mi arresto?

–Usted es un prisionero del Primer Cuerpo de Ejército en operaciones.

2

Durante mucho tiempo se podía suponer, con buena voluntad y algo de liberalismo, que Lenin había prenunciado el futuro de Rusia y la construcción del socialismo tal como se estaba llevando a cabo. La muerte de Stalin, el discurso de Jrushov en el XX Congreso Comunista y el conocimiento de la existencia de los Gulags, nos convencieron de que quizás el punto de referencia más lógico para la realidad rusa volvía a ser Dostoievski. Algo similar ocurre en la Argentina: de pronto todos los conocimientos y exploraciones de su historia y de su presente, todas las predicciones sobre su futuro, se aclaran en un libro relativamente breve, una extraña novela de fines de la década del 20, de Roberto Arlt, titulada *Los siete locos*.

La idea central de la novela resultó, a través de innumerables elaboraciones ideológicas, místicas, políticas, sentimentales, tangueras, algo apetecible para todo grupo de choque de la Argentina. Y también para los masificadores del peronismo. Roberto Arlt reunió a siete locos dirigidos por un revolucionario sin ideología llamado El Astrólogo, quienes debían iniciar la revolución anarquista-socialista en la Argentina, y extenderla por toda América latina, mediante grupos de terroristas financiados por la explotación de una cadena de prostíbulos. La simplicidad del mecanismo es atrayente, y repetitiva en toda ideología totalitaria:

suprimir las complejidades de la realidad, o arrasar con la realidad, y precisar un fin simple y un medio simple de llegar al fin.

Lo curioso del hecho es que de algún modo la política argentina de los últimos cincuenta años está dominada por esta ecuación aplicada a través de las más extravagantes formulaciones ideológicas. Los partidos democráticos en la Argentina trataron de acomodarse para no quedar marginados por el aluvión masificador, por una masa sindical y masa votante que decidía en las elecciones, cuando las había, o creaba el clima para el derrocamiento de los electos por parte de los militares las más de las veces.

Por cierto que resulta imposible aceptar esto. Pero lo extraño es que resulta también difícil comprenderlo o explicarlo. Y esto ha convertido a la Argentina quizás en el enfermo de América latina, como aquella enfermedad de los Balcanes en Europa, una enfermedad tan única que el mundo ha tardado mucho en reaccionar, aunque hasta ahora todos los intentos se refieren a los aspectos marginales más que a los hechos de fondo.

Entre los años 1973 y 1976 hubo cuatro presidentes peronistas, incluidos el general Juan Domingo Perón y su esposa Isabel. La violencia que envolvía al país se había desatado en todos los frentes, culminando un desarrollo originado hacia 1964 con la aparición de los primeros guerrilleros entrenados en Cuba por un argentino ayudante del Che Guevara. Pero lo que uno encontraba coexistiendo en la Argentina, simultáneamente, era: guerrilla trotskista rural y urbana; guerrilla urbana peronista de izquierda; escuadrones de la muerte peronistas de derecha; grupos armados terroristas de los grandes sindicatos para el manejo de la vida gremial; grupos paramilitares del Ejército para vengar a cualquiera de sus hombres que fuera asesinado; grupos parapoliciales tanto de izquierda como de derecha que luchaban por alcanzar la supremacía dentro del aparato de las policías federal y provinciales; grupos terroristas de derecha católicos organizados por agrupaciones anticonciliares, contrarias a la apertura propuesta por Juan XXIII, que ajustaban cuentas con los sacerdotes católicos de izquierda o liberales que trataban de aplicar –generalmente con anárquico exceso– las tesis ideológicas del acercamiento de la Iglesia a los pobres.

Por cierto que éstos eran los grupos principales de la violencia organizada o sistematizada. Pero existían centenares de grupúsculos envueltos en el erotismo de la violencia, pequeños grupos que encontraban justificativos ideológicos para la lucha armada en un poema de Neruda o en un escrito de Marcuse; Lefebvre podía ser tan útil como Heidegger; un poema de Mao Tse Tung podía resultar la clave para el asesinato de algún industrial en los alrededores de Buenos Aires, y alguna vaga interpretación de Mircea Eliade resultaba perfecta para secuestrar a un industrial y obtener un rescate que permitiera profundizar en la filosofía y la mística de la India, puestas al servicio de la liberación nacional.

En ese clima, que se arrastraba a través de los años, tuve dos entrevistas que definen la impotencia argentina para encontrar respuestas políticas a la más elemental de las necesidades, la de la supervivencia. Una de las entrevistas fue con un senador peronista, de gran influencia en su partido, abogado, moderado, ex dirigente universitario en su juventud, culto, sereno. En Estados Unidos hubiera pertenecido al sector liberal del Partido Demócrata; supongo que en Israel sería una columna del laborismo, en Francia podría ser del ala liberal de Giscard. La conversación versó sobre la violencia –corría el año 1975–, y le expliqué con abundancia de datos y la experiencia de treinta años de periodista político, que el país se encaminaba inevitablemente hacia la ocupación del poder por los militares. Sostuve que la única forma que aún había de preservar lo que quedaba de las instituciones políticas era concluir con la violencia de todos los signos por la vía legal, y que únicamente el Ejército estaba en condiciones de hacerlo. Le proponía que con la mayoría peronista en el Senado y Cámara de Diputados votara leyes de excepción que permitieran al Ejército iniciar operaciones contra todos los niveles terroristas, de cualquier signo, pero que esa represión estuviera encuadrada en las leyes votadas por el Congreso dentro del marco constitucional y siempre bajo la autoridad del gobierno civil.

La respuesta: "Si dejamos entrar a los militares por la puerta, se quedarán con toda la casa. De modo que sería igual que un golpe que nos dejaría a nosotros afuera. Además, los peronistas de derecha que apoyan a los grupos de terroristas de derecha que asesinan a los peronistas de izquierda, no votarán las leyes; y los peronistas de izquierda que apoyan a los grupos terroristas de izquierda que asesinan a los peronistas de derecha, no votarán las leyes. Además, el Ejército suprimirá solamente a un sector de la violencia y no al otro. Más bien, utilizará a uno contra el otro, asegurándole su supervivencia". ¿Entonces? "Dejemos las cosas como están. Alguna cosa ocurrirá. Dios es argentino."

La segunda entrevista fue con un militar de alta graduación, en el Estado Mayor del Ejército. ¿Debo explicar que la respuesta fue la misma en el fondo, y que sólo las apariencias eran distintas? A mi pregunta de los motivos por los cuales el Ejército no luchaba, con todos sus recursos, contra la violencia, y sólo se dedicaba a vengar a sus propios caídos, su respuesta fue simple: "¿Vamos a salir a pelear para que ellos [los peronistas] sigan gobernando?". Los peronistas habían ganado las elecciones con un 70 por ciento de los votos.

Curiosamente, esos largos años de violencia y exterminio en la Argentina, donde seguramente murieron diez mil personas y quince mil más desaparecieron, fueron, para los líderes argentinos de todas las tendencias políticas, una gimnasia en cuestiones de táctica, de estrategia, un ejercicio en situaciones coyunturales, pero nunca jamás un problema de fondo que debía ser encarado como un grave peligro para la existencia misma de la Nación Argentina.

Supongo que es imprescindible que trate de elaborar una explicación de lo que la Argentina es. Pero descubro que me resulta casi imposible hacerlo en términos normales en las formulaciones políticas utilizadas en el mundo contemporáneo. No sólo me resulta casi imposible explicar a la Argentina vista desde su exterior y en términos que sean comprensibles para los demás, sino que descubro que quizás yo mismo no la entienda. O que quizás he vivido en un período tal de desintegración cultural, política y social, que me resulta difícil imaginar que con esos elementos dispersos, anárquicos, enfrentados, se pueda organizar una ecuación, una explicación coherente a tanta incoherencia.

Pienso que podría utilizar una frase del escritor argentino Jorge Luis Borges sobre la Argentina. Decía Borges, hace algo así como treinta años atrás, que el argentino no es un ciudadano, sino un habitante; que no tiene una idea de la Nación en que vive, sino que la contempla como un territorio que por su riqueza puede ser rápidamente usufructuado.

Creo que esto dice mucho sobre el problema argentino. Nada simple: la Argentina aún no existe, y hay que crearla. Pero quizás si yo hiciera una proyección de cómo enfocarían la definición de Borges las diferentes Argentinas que existen en ese territorio, considerándose cada una la auténtica, resultaría más descriptivo, más preciso, como si pudiéramos recrear un cuadro del "puntillismo" francés.

1) Si Borges opinara sobre su propia definición, diría que el error de los argentinos es no entender mejor las an-

tiguas literaturas germánicas. Borges diría que es imposible crear un ciudadano si no se han leído los libros *Veda* o al menos la *Oración de las Momias* egipcias antes de ser admitidas como Momias sagradas en la versión francesa hecha por el poeta lituano Lubicz Milosz. Borges diría –en realidad lo dijo– que "la democracia es un abuso de la estadística". En definitiva, quizás él mismo no entenderá, ni aspira a entender, el valor de su definición original.

2) Los sectores de derecha aceptarían la frase de Borges como una verdad total, explicando que el aluvión de inmigrantes que destruyó las raíces dejadas por la monarquía española, la raíz hispánica e hidalga de los Borbones y de Franco, esos inmigrantes que únicamente vinieron a enriquecerse, a hacer la América, impidieron la consolidación de la noción de ciudadano.

3) Los sectores liberales aceptarían la frase de Borges como una verdad total, explicando que la incapacidad de la clase dirigente argentina en comprender el fenómeno inmigratorio con todo lo que aportaba de creatividad, cultura, espíritu republicano y democrático, vocación por la actividad cívica, lucha por los derechos humanos y la igualdad de los hombres, y en definitiva la lucha de los grupos dirigentes aristocráticos contra el acceso de la inmigración a todas las formas de la vida argentina, sin limitaciones, especialmente a la vida política, ha impedido la consolidación de una Nación, y por lo tanto, la creación de un ciudadano argentino.

4) Los sectores de izquierda aceptarían la frase de Borges como una verdad total, explicando que un hombre sólo puede sentirse ciudadano en una nación socialista, y que ninguna nación burguesa puede pretender de sus habitantes una posible identidad de intereses.

5) Los sectores fascistas aceptarían la frase de Borges como una verdad total, explicando que los ciudadanos existen únicamente cuando un poder central los organi-

za como tales, y que precisamente ese poder central, que no debe dar explicaciones a nadie, es lo que falta en la Argentina.

Podría continuar así hasta el infinito pasando por todos los vericuetos de los miles de ideologías que se barajan en la Argentina. Todos aceptarían la frase de Borges como una explicación lógica y coherente. Sería, claro, la única coincidencia.

¿Se entiende ahora mejor el drama argentino? Esta aventura que acabo de desarrollar alrededor de Borges –y que se parece mucho a algún cuento borgiano– encierra sin embargo toda la *capacidad de violencia* de la Argentina, así como toda su *incapacidad política*. Y revela también que sólo los países capaces de crear un hábitat político que agrupe salidas políticas ante cualquier situación, pueden escapar de la violencia a la argentina. Nadie es inmune a los episodios de violencia, de terrorismo, pero al menos sería posible evitar que el terrorismo y la violencia sean la única posibilidad de creatividad, la única expresión imaginativa, sentimental, romántica, erótica, de una Nación.

En una de las sesiones del Parlamento argentino, un senador centrista, Carlos Perette, antiperonista, expresó en un discurso después de uno de los tantos asesinatos diarios: "En la Argentina se sabe quién muere, pero no quién mata". ¿Pero acaso podía ser de otro modo? Los muertos aparecían tirados en la calle, y se los identificaba. Pero matar, mataban todos, e identificarlos públicamente, tal como se hacía en privado, significaba también una condena a muerte. En un artículo que escribí contestando a este senador, quien con esa sola frase inocente e inocua había demostrado más valentía que todos los miles de dirigentes políticos, dije que simplemente bastaba que los parlamentarios dijeran en el recinto del Senado o de Diputados los nombres que pronunciaban en los pasillos del Congreso, y tendríamos identificados a todos los asesinos. Pero ¿hubieran cambiado las cosas con eso? Supongo que no.

En mi diario, "La Opinión", organizamos un grupo de periodistas políticos y sindicales. Hicimos una reunión analítica de la situación, decidimos que existían esperanzas, que simplemente teníamos que emprender la batalla, explicar todo, y terminamos brindando porque habíamos asumido un compromiso que era un verdadero privilegio para cualquier hombre civilizado: el privilegio de luchar contra el fascismo; contra el fascismo de derecha y de izquierda. Recuerdo haber dicho algo así: Nuestra generación vio la lucha contra el fascismo en la Segunda Guerra Mundial desde las manifestaciones callejeras en las calles de Buenos Aires, pero no corrimos ningún riesgo; tampoco corrimos ninguno de los riesgos de quienes tuvieron que enfrentar el stalinismo o yacen hoy en los Gulags. Pero al menos tenemos la suerte de estar aquí, con un diario en la mano, cuando el país es asaltado por el fascismo de izquierda y el de derecha.

Hermosas palabras. Ahora comprendo (o quizás lo comprendía entonces también) que estábamos buscando un microclima, creando el microclima para no tener que adoptar la decisión que tantos amigos nos sugerían, especialmente a mí: dejar el país. Hasta el último momento, hasta el día de mi secuestro convertido luego en arresto, insistíamos en esa batalla, y yo me negaba a dejar el país. A un amigo israelí que me escribió por ese entonces, pidiéndome que me fuera de la Argentina, le respondí con una breve nota que luego olvidé, y que me mostró cuando llegué a Tel Aviv. Finalizaba diciendo: "Yo soy de los de Masada". Me hubiera gustado haberme acordado de esa frase durante las sesiones de tortura a que fui sometido.

¿Se entiende mejor ahora? Es posible, pero falta todavía el nexo de unión entre los siete locos de Roberto Arlt y la definición del argentino hecha por Borges. Y bien,

31

pensemos en todos esos grupos terroristas que se mataban entre sí, que mataban a sus enemigos de otros signos políticos y a sus adversarios dentro del mismo partido; a peronistas asesinando a peronistas, a militares asesinando a militares, a gremialistas asesinando a gremialistas, estudiantes a estudiantes, policías a policías. Y pensemos también que esas vastas organizaciones terroristas y parapoliciales o paramilitares necesitaban armas, municiones, campos de entrenamiento, transporte, enseñanza ideológica, documentos de identidad, cárceles clandestinas, viviendas, manutención, y que los fondos tenían para todos una misma fuente: secuestro y chantaje, botín de guerra y rapiña. Grandes rescates pagados por industriales o empresarios secuestrados (el más alto de la historia fue logrado por los terroristas peronistas de izquierda en el secuestro de los hermanos Born, con sesenta millones de dólares), sumas mensuales pagadas por las empresas simultáneamente a organizaciones de derecha y de izquierda para que sus ejecutivos no fuesen asesinados o secuestrados; "confiscación" de bienes, joyas, obras de arte cuando se realizaba un arresto o secuestro. ¿No recuerda esto la propuesta del Astrólogo: una ideología financiada por la explotación de prostíbulos?

Pero ¿ya explica esto a la Argentina en su momento actual, en su última década? Pienso que todavía no, porque aún quedan los innumerables detalles, trágicos y ridículos al mismo tiempo, de asesinatos organizados o improvisados, espontáneos o meditados, por motivos personales envueltos en un objetivo ideológico, o por la vivencia misma de la sensualidad terrorista. Hanna Arendt llamó al nazismo "the banality of evil". Pues bien, la extrema izquierda y la extrema derecha llegaron en la Argentina a la misma rutina criminal, pero a la latinoamericana: sin la precisión alemana, pero con el erotismo latino. Un escritor uruguayo de izquierda, Eduardo Galeano, llegó a escribir sobre uno de sus personajes terroristas, con admiración por supuesto, del siguiente modo: "La primera vez de la violencia, es como la primera vez del amor". El libro se llama *Vagamundo*.

Sin embargo, no resulta clara todavía esa mecánica del terror y la violencia. Y pienso que es necesario visualizarla en toda su extensión y profundidad, porque es algo que ha alcanzado una magnitud tal que no puede ser entendida desarrollando una fórmula política o cultural, o electoral. Pienso incluso que la antigua lucha de la democracia contra el extremismo de derecha y de izquierda tampoco define la situación argentina. Quizás es más simple y terrible que todo lo conocido por nuestra generación en América latina. Es la lucha entre la civilización y la barbarie en un país de veinticinco millones de habitantes, hacia fines del siglo XX. Y es evidente que sin destruir primero a la barbarie, privada o estatal, civil o militar, será muy difícil elaborar un posible ingreso a la civilización. La cuestión política está reservada a la Argentina para el momento en que el país esté en condiciones de ingresar en la Civilización.

Durante mi ejercicio del periodismo, especialmente como director de "La Opinión", recibí infinidad de amenazas. Pero una vez llegaron en la misma mañana dos cartas: la organización terrorista de derecha (protegida y utilizada por los grupos paramilitares) me condenaba a muerte porque apreciaba que mi lucha por el derecho de toda persona arrestada a ser sometida a juicio, o mi lucha por los derechos humanos, impedía la derrota del comunismo; la otra carta era del grupo terrorista trotskista Ejército Revolucionario del Pueblo (ERP), y señalaba que si continuaba en mi acusación de que los revolucionarios de izquierda eran fascistas, y definiéndolos como la izquierda loca, tendrían que someterme a juicio con la probabilidad de ser condenado a muerte.

Nunca había contestado antes dichas amenazas, pero el episodio me pareció tan cruel como cómico, trágico y banal, que escribí unas líneas en la primera página de "La Opinión". No decía mucho: que continuaríamos con nuestra norma de conducta (frase reiterada por tantos diarios y periodistas en todo el mundo que ya resulta aburrida), pero que sentía verdadera curiosidad por saber quién se quedaría primero con mi cadáver: si los terroristas de izquierda o los de la derecha.

Pues bien, se trataba sólo de un cadáver, y la broma no tenía relevancia. Un cadáver más de un periodista, en un país donde sesenta y cinco periodistas habían muerto o desaparecido en pocos años, no tenía mayor importancia. Pero el episodio puede servir para penetrar un poco más en el drama argentino, incorporar una imagen quizás más perfectible, pero muy aproximada: ¿puede la comunidad argentina, sola, por sí, impedir que alguno de los dos fascismos se quede con el cadáver de la Argentina? Si no puede hacerlo sola, ¿puede la comunidad internacional colaborar para que ninguno de los dos fascismos se quede con el cadáver argentino, que la Argentina se reincorpore a la sociedad civilizada, a la civilización contemporánea, que perdió hace cincuenta años?

3

Cuando fundé el diario "La Opinión" hacia fines de 1970, hacía veinticuatro años que era periodista político en diarios, revistas, radio y televisión. El primer número apareció el 4 de mayo de 1971 y fui arrestado en abril de 1977. En ese lapso gobernaron la Argentina –por así decir– seis presidentes. Bajo todos sus gobiernos, "La Opinión" fue sancionada con diversas medidas de facto, judiciales, ataques con bombas colocadas en las oficinas o en mi casa, el asesinato o desaparición de algunos de sus periodistas, y finalmente mi arresto y confiscación del diario por el Ejército. La forma más suave de sanción fue la económica, ya que la Argentina –aunque se ignore en el mundo– es un país de economía estatal casi en un 70 por ciento, y la publicidad de las empresas estatales constituye una parte decisiva del paquete de publicidad que necesita un diario para consolidar su situación. Los sucesivos gobiernos suspendían la publicidad estatal a "La Opinión" cada vez que les molestaba alguna información. Uno de los gobiernos incluso inventó un mecanismo maquiavélico; controlaba la asociación de distribuidores de diarios, y logró que éstos solicitaran a "La Opinión" cantidades de ejemplares superiores a las que podían colocar en el mercado: si el diario no lo hacía, los liberaba del compromiso de distribuir "La Opinión"; entregarles esas enormes cantidades de ejemplares innecesarios obligaba a excesivos gastos de producción. Cada vez que se producían estas sanciones económicas, "La Opinión" recurría a sus lectores, aumentaba el precio de venta al público, y se convirtió en el diario de más alto precio en el país, con lo cual no dependía como los otros de la publicidad pública o privada.

Curiosamente, "La Opinión" era un diario moderado. Se lo comparaba mucho a "Le Monde", pero con relación a las posiciones ideológicas del diario francés, podría decirse que "La Opinión" era un periódico típicamente liberal. Por cierto que cometía diariamente lo que en la Argentina podría considerarse el pecado capital: utilizaba el lenguaje preciso que definía las situaciones, las informaciones eran comprensibles y directas.

¿Se podría decir que "La Opinión" era atacada por un problema semántico? No. Pero la semántica es el medio utilizado en la Argentina para no ver en toda su dimensión los problemas que la afectan. Los diarios escriben en clave, prácticamente, con eufemismos, circunloquios, y del mismo modo hablan sus líderes, políticos, intelectuales. Se puede tener la impresión de que la Argentina es un rico heredero que dilapida la fortuna heredada –acumulada por la generación que gobernó entre 1860 y 1930–, pero que por todos los medios trata de ocultar que la fortuna se acaba y que nadie se esfuerza por recomponerla. En este sentido, "La Opinión" era realmente provocativa: en más de una ocasión publicaba informaciones aparecidas en otros diarios, completamente incomprensibles para quienes no estaban en el círculo íntimo de conocedores del tema, y se dedicaba a explicar el significado de cada frase, su verdadero sentido y contenido. Ocurrió así que por explicar una información aparecida en un diario provincial cinco días antes sin que se hubieran tomado medidas contra ese diario, la presidente Isabel Perón clausuró "La Opinión" por diez días. Asimismo, por publicar en forma explicativa un artículo aparecido en una revista de la Orden de los jesuitas, el presidente Videla clausuró "La Opinión" por tres días a pesar de que la revista católica no fue siquiera confiscada.

Los dirigentes de la Argentina, cuando ejercían alternativamente el poder, querían que se los viera como al rostro de Dorian Gray, y "La Opinión" era el espejo oculto en el altillo que aparecía todos los días en la calle en manos de miles de lectores y presentaba el verdadero rostro de Dorian Gray.

La semántica de los tres factores de poder que dominan la Argentina –peronistas, sindicatos y Fuerzas Armadas– constituye una de las aventuras más curiosas en el ejercicio de la política. Por cierto que en esencia no es una novedad si uno piensa en las experiencias acumuladas por el fascismo y el comunismo en cuanto a la utilización del idioma, y los lemas, para la estructuración de una realidad que se contradecía a cada paso en los hechos. Pero el fascismo y el comunismo son fenómenos políticos de una gran magnitud, que englobaron o engloban a países con vastos intereses geopolíticos, intereses mundiales. La aventura semántica de estas ideologías tiende no sólo a crear una realidad interna en sus propios territorios, sino también un instrumento maleable, ágil, de penetración internacional. Pero ¿por qué se produce un fenómeno así en un país relativamente pequeño, casi sin crecimiento demográfico ni económico, con veinticinco millones de habitantes sobre tres millones de kilómetros cuadrados, que podría pacíficamente vivir de su riqueza, casi con un aburrimiento mayor que los mismos suizos?

En una conferencia del Fondo Monetario Internacional, un economista brasileño, que estoy convencido prefiere que no lo nombre, definió del siguiente modo las diferentes categorías de economías en el mundo: 1) los países desarrollados; 2) los países subdesarrollados; 3) Japón, ya que esas pequeñas islas sin recursos naturales ni materias primas, con un permanente *boom* demográfico, convertidas en potencia industrial, constituyen una categoría por sí mismas; 4) la Argentina, porque los japoneses trabajan y ahorran duramente durante años para algún día vivir como los argentinos, que no trabajan ni ahorran.

Juan Domingo Perón solía decir que "la violencia de arriba engendra la violencia de abajo". Una frase que podría encontrarse en cualquier investigación sobre los sentimientos agresivos de las poblaciones de menores recursos extraída de Harvard, o del MIT, o del Hudson Institute. Una frase liberal, una ecuación sociológica, que en cualquier país organizado sólo puede desatar una polémica sobre las formas en que ese sentimiento puede ser erradicado mediante planes de vivienda, educación o salud pública. Pero en la Argentina rápidamente la juventud peronista comprendió lo que Perón quería decir: que aprobaba la violencia, el terrorismo, que daría su apoyo a todo asesinato, secuestro, atentado encuadrado en los objetivos de conquista o reconquista del poder por parte del peronismo.

Otra de las frases que constituyeron una clave política importante en los últimos diez años de la Argentina, la tomó Perón de Pericles: "Todo en su medida y armoniosamente". Encontré esa misma frase en un artículo de Nahum Goldmann que publicó "La Opinión". Es una sentencia serena, suena tranquilizadora, no es difícil de entender y gustar. Justifica un proceso político realizado cuidadosamente para que produzca la menor cantidad posible de situaciones críticas. Pero los peronistas, y los argentinos todos, entendieron rápidamente de qué se trataba: todo aquel que se oponía a los mecanismos tácticos establecidos por Perón era ejecutado por los muchachos, empujados desde abajo por la violencia de arriba. Esos muchachos que, lógicamente, consideraban la frase de Pericles algo así como una estrategia revolucionaria nada diferente de la etapa de Fidel Castro en Sierra Maestra o de Mao Tse Tung en las montañas de Yenan después de la Larga Marcha. La "medida" eran las órdenes de Perón, y "armoniosamente", la metralleta.

Otra frase de Perón en su infinita creatividad semántica fue: "La realidad es la única verdad". Podría parecer una incitación a estudiar con prolijidad y cuidado los datos de la realidad para encontrar los caminos pacíficos y sobrios hacia la solución política. Sin embargo, su aplicación constituyó la base de la intolerancia peronista a toda solución que no fuera el predominio de sus hombres, sus esquemas, su rigidez totalitaria, la justificación de los actos más irracionales en el campo de la economía, la cultura, la política, ya que resultó que la única realidad debía ser el peronismo por ser mayoritario, y la única verdad, la forma de vida peronista.

La forma de lucha de los otros partidos políticos también era una aventura semántica: negociar sin contradecir, esperar la inevitable crisis y deterioro del oficialismo antes que ejercer una oposición que permitiera que la crisis, una vez llegada, no explotara como una granada en el rostro de la Argentina. Los diarios antiperonistas utilizaban eufemismos para ejercer su crítica, de modo que entendieran sólo los protagonistas del juego, pero no los lectores, y "La Opinión" –de los diarios en castellano– se esmeraba, o suicidaba, exponiendo todos los días el rostro verdadero de Dorian Gray.

Algo similar ocurrió, lógicamente, con el gobierno militar cuando el peronismo fue derrocado. La revolución contra la presidencia de Isabel Perón encontró en "La Opinión" a su principal abanderado, ya que el diario insistía en la necesidad de cubrir el vacío en que vivía el país. Los militares estaban dispuestos, en las largas conversaciones que los redactores de "La Opinión" mantenían con sus jefes, a que la revolución se hiciera para terminar con la violencia de izquierda y de derecha, sancionar a los corruptos, que la represión fuera ejercida por los organismos legalmente constituidos, que fuera superado el peligro de la hiperinflación. Lograr la paz que, por otra parte, todo el país anhelaba. "La Opinión" daba forma todos los días –durante el último año del gobierno de Isabel Perón– a esos principios, y cuando por fin en marzo de 1976 los militares tomaron el gobierno, todo el país, incluso los peronistas, suspiraron aliviados.

Pero nuevamente la semántica corría paralela a una realidad que la contradecía todos los días. El gobierno del general Videla se esmeraba en producir hechos pacíficos, hablaba de paz y comprensión, sostenía que la revolución no se había hecho contra nadie en particular, contra ningún sector en especial. Pero los jefes militares organizaron rápidamente sus feudos, cada uno se convirtió en un señor de la guerra en la zona que estaba bajo su control, y se pasó del terrorismo caótico, anárquico, irracional de la guerrilla izquierdista y los escuadrones de la muerte fascistas, a un terrorismo sistematizado, orgánico, racionalmente planificado. Cada jefe de una región militar tenía sus propios presos, sus propias cárceles, su propia justicia, y el poder central no podía siquiera solicitar la libertad de una persona cuando alguna presión internacional se lo imponía: toda persona cuya libertad era solicitada, en esos años de 1976-77-78, por medio del poder central o de la Iglesia católica, o de alguna otra organización internacional, era inmediatamente "desaparecida". La única posibilidad consistía, algunas veces, en detectar a la persona en cuestión en alguna cárcel clandestina, y luego formular el pedido señalando que a tal hora, tal día, había sido vista con vida en tal lugar.

Cuando el gobierno se veía obligado a admitir algunos

excesos en la represión, la formulación semántica de dicha autocrítica parecía más bien dar a entender que a algún pabellón de presos se lo había dejado una noche sin comer. Cuando algún jefe militar hacía referencia a los que "se fueron para siempre", parecía más bien una frase melancólica destinada a recordar a quienes emigraron a lejanas tierras, a otros continentes, para reconstruir sus vidas. La aventura semántica de pronto podía incluso alcanzar ribetes payasescos. Cuando el vocero del Departamento de Estado en Washington, Thomas Reston, expresó la preocupación de su gobierno por el allanamiento de las sedes de algunas organizaciones de defensa de los derechos humanos en la Argentina, la respuesta de uno de los ministros señalaba que también el gobierno argentino estaba preocupado y podría protestar por la existencia del Ku Klux Klan en Estados Unidos. Los comentaristas de diarios, radio y televisión subrayaron la importancia de esa actitud soberana de la Argentina. ¿Cómo explicar que el Ku Klux Klan no forma parte del gobierno norteamericano, no ocupa un asiento en el gabinete de Carter, mientras que en la Argentina los moderados de la Revolución militar no habían logrado todavía arrancar al Ku Klux Klan local el control de la seguridad, la represión y, muchas veces, el ejercicio de la justicia oficial y paralela?

Los moderados... Si "La Opinión" pudo subsistir durante el primer año del gobierno militar, entre marzo de 1976 y abril de 1977, fue precisamente porque los moderados de las Fuerzas Armadas consideraban que esa tribuna crítica pero no opositora, que luchaba contra el terrorismo pero defendía los derechos humanos, debía subsistir. La subsistencia de "La Opinión" era un crédito para el exterior, elaboraba la filosofía de la futura reconstrucción nacional, sostenía la tesis de la unidad nacional, estaba dispuesta todos los días a enfrentar los excesos de los duros. Pero los moderados constituían en esos primeros años la minoría en las Fuerzas Armadas, y sólo su habilidad política les permitía permanecer dentro del proceso que se vivía. Los partidos políticos, casi todas las instituciones civiles, la Iglesia católica, los gobiernos occidentales que mayores relaciones tenían con la Argentina, estimaron que la mejor estrategia era la paciencia, esperar que el transcurso del tiempo deteriorara a los duros, y mientras tanto no plantear demasiadas exigencias a los moderados.

Elaborado aquí, en el papel, no es un tema difícil. La elección parece inevitable. Pero en mi oficina de director de "La Opinión", todos los días tenía que tomar resoluciones difíciles sobre cómo encarar esa distinción entre duros y moderados cuando aparecían los familiares de los desaparecidos y suponían que "La Opinión" podía ayudar a encontrarlos. Más de una vez tuve que explicarles que seguramente una publicación de "La Opinión" podía significar una condena a muerte, pero de todos modos la soledad en que se encontraban, la falta de toda noticia, les hacía creer que era mejor dar la noticia sobre la desaparición. Al menos los fortalecía a ellos en su soledad y en la lucha que afrontaban. No creo poder hacer un balance. Sé que salvé la vida de algunos y creo que otros fueron asesinados sólo porque "La Opinión" reclamó se diera a conocer su paradero. Pero pienso que, a la larga, la batalla había que darla para que al menos hubiera una batalla, por más embrionaria que fuera. Hay quienes sostienen que contra la represión totalitaria –fascista o comunista– sólo es posible la clandestinidad o el exilio. Las dos cosas estaban fuera de mi filosofía. Pensé entonces que había que dar un paso más adelante y atacar directamente a los líderes de los grupos militares más duros. Fue uno de esos grupos, quizás sin conocimiento del presidente Videla ni del gobierno central, el que me secuestró.

¿Cómo juzgar entonces a los moderados? Los moderados estuvieron, están y estarán contra todos los excesos.

Pero no se opusieron a ninguno. ¿Por no tener fuerzas para hacerlo? Simplemente decían que dejaban hacer lo que no podían evitar. Recuerdo aún la frase del jefe del Estado Mayor del Ejército a un diplomático que se interesó por mi suerte cuando fui arrestado: "Timerman no es un delincuente, pero es mejor no verse involucrado en el tema. No se meta". Resultaba así que el apoyo a los moderados, aceptando su inmovilismo y todos los excesos de los duros, constituía un verdadero salto en el vacío, ya que en otros países esa actitud había conducido a que Hitler tuviera el camino libre para la toma del poder en Alemania, y los comunistas se apoderaran de la juvenil y romántica revolución de Sierra Maestra, en Cuba, contra la dictadura de Fulgencio Batista.

Creí que el apoyo a los moderados tenía que ser un ejercicio de presión pública más que un ejercicio de paciencia. Los gobiernos occidentales no lo entendieron así, tampoco la Iglesia, ni los partidos políticos argentinos, ni los demás diarios argentinos. Pero quedó establecido que la impunidad era cuestionada, al menos por alguien. Hoy es difícil precisar la importancia de ese acto de conciencia de "La Opinión", pero seguramente podrá ser mejor apreciado cuando se contemple en el futuro ese hecho, con una mejor perspectiva. Se podría decir que mi libertad actual es un resultado de la paciencia ejercida por los moderados. Pero pienso que las concesiones hechas por los moderados a los duros, en mi caso, han causado un daño a la Argentina en el escenario internacional que hubiera debido ser motivo para que los moderados se decidieran a dar una batalla más explícita contra los duros, considerando además que en esa batalla hubieran sido acompañados por la minoría del Ejército, es cierto, pero por la mayoría de la población, los partidos políticos y las instituciones civiles. Creo que los moderados hubieran ganado la batalla y la Argentina se hubiera ahorrado años de tragedia.

Me secuestró el sector duro del Ejército. Desde el primer momento el presidente Rafael Videla y el general Roberto Viola intentaron convertir mi desaparición en arresto, para salvar mi vida. No lo lograron. Pero salvé la vida porque ese sector duro era también el centro de operaciones nazi en la Argentina. Desde el primer interrogatorio estimaron que habían encontrado lo que hacía tanto tiempo buscaban: uno de los Sabios de Zion, eje central de la conspiración judía contra la Argentina.

Pregunta: ¿Es usted judío?
Respuesta: Sí.
Pregunta: ¿Es usted sionista?
Respuesta: Sí.
Pregunta: ¿"La Opinión" es sionista?
Respuesta: "La Opinión" apoya al sionismo porque considera que es el movimiento de liberación del pueblo judío. Considera al sionismo un movimiento de altos valores positivos, cuyo estudio permite comprender muchos problemas de la construcción de la unidad nacional en la Argentina.
Pregunta: ¿Pero entonces es un diario sionista?
Respuesta: Si usted lo quiere poner en esos términos, sí.
Pregunta: ¿Viaja a menudo a Israel?
Respuesta: Sí.
Pregunta: ¿Conoce al embajador de Israel?
Respuesta: Sí.

Las manos esposadas a la espalda, los ojos vendados, el primer interrogatorio fue después de varias horas de haber estado de pie. Pero para los interrogadores fue como un deslumbramiento. ¿Para qué matar a la gallina de los huevos de oro? Mejor hacerlo cabeza del más importante proceso contra la conspiración judía internacional. Esto salvó mi vida. A partir de ese momento, y reconocido oficialmente mi arresto, los moderados intentaron durante dos años liberarme, e incluso cuando treinta meses después mi libertad llegó, la misma fue aprovechada como pretexto por los duros para intentar una revolución que expulsara a los moderados del poder. Una revolución que concluyó en una ridícula payasada en la ciudad de Córdoba.

Visto así, se podría decir que los moderados tenían razón. Creo que no. Que podían haber dado la batalla contra los duros mucho antes, que tenían y tienen más fuerza de la que creen, y que miles de vidas se hubieran salvado. Por otra parte, es difícil formular cuestiones tácticas, cuando tantos inocentes perdían la vida.

Salvé la vida porque los nazis eran demasiado nazis; porque creían, como me dijeron, que había comenzado la tercera guerra mundial, y que gozaban de toda la impunidad imaginable. Uno de los interrogadores, conocido como el Capitán Beto, me dijo: "Sólo Dios da y quita la vida. Pero Dios está ocupado en otro lado, y somos nosotros quienes debemos ocuparnos de esa tarea en la Argentina".

4

La actualidad fue el tema dominante en mi casa desde que tengo memoria. La actualidad en todas sus formas y etapas. De niño escuchaba a los mayores relatar los *pogroms* de la guerra civil rusa. En casa se devoraban los diarios que traían las primeras informaciones sobre Hitler, y luego recorrí junto con mi generación el largo trayecto desde la guerra civil española hasta los momentos actuales. Diarios, novelas, películas, poesía, recuerdos de guerra, libros políticos, memorias de quienes escaparon de los campos de prisioneros franquistas, petainistas, mussolinianos, hitlerianos, stalinianos, novelas sobre las represiones en Cuba, Nicaragua, Paraguay, Vietnam, China, los interrogatorios en las cárceles de toda África: tantas batallas, tantas torturas, tantos golpes, tantos asesinatos. Es lógico suponer que creía saberlo todo, saber qué era un prisionero político, cómo se sufría en una cárcel, qué sentía un hombre torturado. Pues no sabía nada, y es imposible transmitir lo que sé ahora.

En los largos meses de encierro pensé muchas veces en cómo podría transmitir el dolor que siente el hombre torturado. Y siempre concluía que era imposible.

Es un dolor que no tiene puntos de referencia, ni símbolos reveladores, ni claves que puedan servir de indicadores.

El ser humano es llevado tan rápidamente de un mundo a otro, que no tiene forma de encontrar algún resto de energía para afrontar esa violencia desatada. Ésa es la primera parte de la tortura: caer sorpresivamente sobre el ser humano sin permitirle crear algún reflejo, aunque sólo fuera sicológico, de defensa. El ser humano es esposado por la espalda, sus ojos vendados. Nadie dice una palabra. Los golpes llueven sobre el ser humano. Es colocado en el suelo y se cuenta hasta diez, pero no se lo mata. El ser humano es luego rápidamente llevado hasta lo que puede ser una cama de lona, o una mesa, desnudado, rociado con agua, atado a los extremos de la cama o la mesa con las manos y piernas abiertas. Y comienza la aplicación de descargas eléctricas. La cantidad de electricidad que transmiten los electrodos –o como se llamen– se gradúa para que sólo duela, queme, o destruya. Es imposible gritar, hay que aullar. Cuando comienza el largo aullido del ser humano, alguien de manos suaves controla el corazón, alguien hunde la mano en la boca y tira la lengua para afuera para evitar que el ser humano se ahogue. Alguien pone en la boca del ser humano una goma para evitar que se muerda la lengua o se destruya los labios. Breve paréntesis. Y todo recomienza. Ahora con insultos. Breve paréntesis. Ahora con preguntas. Breve paréntesis. Ahora con palabras de esperanza. Breve paréntesis. Ahora con insultos. Breve paréntesis. Ahora con preguntas.

¿Qué siente el ser humano? Lo único que se me ocurre es algo así: me arrancaban la carne. Pero no arrancaban la carne. Sí, ya sé. Ni siquiera dejaron marcas. Pero yo sentía que me arrancaban la carne. ¿Pero qué más? No se me ocurre nada más. ¿Pero alguna otra sensación? No en ese momento. ¿Pero golpeaban? Sí, pero no me dolía.

Cuando le aplican las descargas eléctricas, el ser humano siente solamente eso: que le arrancan la carne, y aúlla. Después no siente los golpes. Tampoco al día siguiente, cuando no hay electricidad y sólo golpes; no siente los golpes. El ser humano pasa días encerrado en una celda sin ventanas, sin luz, sentado o acostado. También pasa días atado al pie de una escalera para que no pueda estar parado; sólo arrodillado, sentado o estirado. El ser humano —yo en este caso— pasa un mes sin poder lavarse, es trasladado en el piso de un automóvil a diferentes lugares para el interrogatorio, se alimenta mal, apesta. Al ser humano lo dejan encerrado en una pequeña celda cuarenta y ocho horas, los ojos vendados, las manos atadas a la espalda, para que no escuche ninguna voz, no vea ningún indicio de vida, tenga que hacer sus necesidades sobre su cuerpo.

Y no hay mucho más. Objetivamente nada más.

O quizás hay mucho más. E intento olvidarlo. Desde que fui liberado, espero cada día que se produzca el shock anímico, alguna extensa y profunda pesadilla que de pronto estalle en medio de la noche, y me haga revivir todo, algo que me retorne al lugar original, me purifique y traiga nuevamente a este lugar en que estoy escribiendo ahora. Pero nada ha ocurrido y esta calma me asusta.

Un periodista me preguntó cómo siento mi libertad. No la siento aún. Reprimo la sensación de libertad, porque temo que para alcanzarla deba abandonar las profundas marcas que quedaron dentro, y para abandonar esas marcas habrá que revivirlas.

Ya que no puedo transmitir la magnitud del dolor, quizás pueda dar algunos consejos a los futuros torturados. El ser humano continuará siendo torturado, continúa siendo torturado, en diferentes países, bajo diferentes regímenes. Durante el año y medio que pasé en arresto domiciliario, medité mucho sobre mi actitud durante las sesiones de tortura y durante el tiempo de encierro solitario. Descubrí que instintivamente había desarrollado una actitud de pasividad absoluta. Hubo quienes lucharon para no ser llevados a la mesa de torturas, otros rogaron que no se les torturara, otros insultaban a sus torturadores. Yo fui pura pasividad: como tenía los ojos vendados, me tomaban de la mano y me conducían. Yo iba. El silencio era parte del terror. Pero yo tampoco decía palabra. Me decían que me desvistiera, y lo hacía pasivamente. Me decían que me acostara cuando me sentaban en una cama, y yo lo hacía pasivamente. Esta pasividad, se me ocurre, ahorraba muchas energías, y dejaba todas las fuerzas para soportar la tortura. Pensé que me vegetalizaba, y que desechaba las lógicas emociones o sensaciones –miedo, odio, venganza–, porque cualquier emoción o sentimiento significaba un desgaste de energías inapreciables.

Creo que es un buen consejo. Una vez decidido que el ser humano debe ser torturado, nada hay que pueda impedirlo. Y es mejor dejarse llevar mansamente hacia el dolor y por el dolor, que luchar denodadamente como si uno fuera un ser humano normal: la actitud vegetal puede salvar una vida.

Algo similar me ocurrió en los largos días de encierro solitario. Más de una vez me despertaron abruptamente, y alguien gritaba: "Piense, no duerma, piense". Pero me negué a pensar. Trataba de que la mente estuviera ocupada con infinitas y diferentes tareas. Tareas concretas, específicas, trabajos. Pensar significaba hacer conciencia de lo que me estaba ocurriendo, imaginar lo que podría estar ocurriendo con mi mujer y mis hijos; pensar significaba tratar de imaginar cómo salir de esta situación, cómo encontrar una apertura en la relación con mis carceleros. En ese universo solitario del torturado, todo intento de relacionarse con la realidad era un enorme y doloroso esfuerzo, que no conducía a nada.

Cuando no tenía los ojos vendados, pasaba algunos minutos –creo que eran minutos– moviendo una mano o una pierna, y observaba fijamente ese movimiento para experimentar alguna sensación de movilidad. Una vez entró una mosca en la celda, y fue una verdadera fiesta verla volar durante varias horas, hasta que desapareció por la pequeña rendija por la cual se comunicaban conmigo los carceleros.

Entonces, cuando esos importantes episodios en mi vida concluían, comenzaba el trabajo mental. Decidí escribir un libro sobre los ojos de mi esposa. Se titulaba "Los ojos de Risha en la celda sin número". Curiosamente, no pensaba en mi mujer como tal, porque hubiera resultado muy doloroso; más bien, me organizaba como un poeta que está en su mesa de trabajo y realiza un inspirado trabajo profesional. Mantenía una larga discusión conmigo sobre el estilo a emplear. Me parecía que Pablo Neruda hubiera resultado demasiado reiterativo, que quizás era un romanticismo inadecuado, y entonces recordaba el estilo de Federico García Lorca en su *Poeta en Nueva York*. Redactaba algunos versos, y luego suponía que quizás el simbolismo de Stefan George podía ser más adecuado, ya que de alguna manera estaba ligado al mundo de Franz Kafka. Pero si ahí terminaba la búsqueda, debía comenzar a escribir mentalmente. Y lo importante era que la tarea durara el mayor tiempo posible. Lo que recordaba de Bialik, especialmente un poema sobre un *pogrom*, me parecía demasiado inmerso en las experiencias de Europa Oriental, y Vladimir Mayakovsky resultaba, o demasiado ruso en sus poemas de amor a Lila Brick, o demasiado verborrágico en su poesía a la revolución rusa. Deseché igualmente a Paul Eluard; Claudel era inadaptable, y Aragón no me impresionaba mayormente. Quedaban por cierto los poetas de mi juventud: Walt Whitman o Carl Sandburg, y los españoles Miguel Hernández o Luis Cernuda. Finalmente, me decidí por Stephen Spender, y comencé a escribir, en la mente.

Uno podría pensar que la selección del estilo me llevaría a los recuerdos de los momentos en que leía esos autores. Precisamente el recuerdo es el principal enemigo del solitario torturado. Nada hay más peligroso en esos momentos que la memoria. Había logrado desarrollar mecanismos de pasividad durante la tortura, y mecanismos de antimemoria durante las largas horas en la celda solitaria. No, no recordaba nada que tuviera relación con vivencias experimentadas. Era un estoico profesional dedicado a su tarea.

Ese libro me insumió varios días, y ahora no recuerdo una sola línea. Durante algún tiempo recordaba párrafos, pero pienso que los he enterrado profundamente. Y que aparezcan me asusta tanto como la posibilidad de revivir aquellas horas solitarias. Supongo que algún día me tendré que obligar a reencontrarme con todo aquello. Quizás me sucede lo mismo que a la Argentina, que no desea hacer conciencia de su drama.

También organicé una librería. Pensaba en que algún día saldría en libertad, aunque calculaba varios largos años hasta ese momento, quizás diez o quince. (Pensar en un lapso extenso es muy útil cuando no se está condenado a un plazo fijo porque anula la esperanza, sinónimo de ansiedad y angustia.) Entonces imaginaba mi llegada a Israel y la necesidad de organizarme para trabajar. Decidí que una librería sería el mejor modo para que dos grandes lectores, como somos con mi mujer, se ganaran la vida. Pensaba en todos los detalles. El espacio del salón principal, el nombre, la tipografía de las letras pintadas en las ventanas, el tipo de libros que venderíamos, si convenía tener un salón literario en los altos, quizás un Club de cine experimental. Un trabajo detallado de este tipo podía fácilmente tenerme ocupado varios días.

Siguiendo este método, organicé un diario en Madrid, uno en New York, mi vida en un kibutz, y una película de Ingmar Bergman sobre la soledad del hombre torturado.

Mucho tiempo después, comprendí que había desarrollado una técnica de la evasión. Trataba por todos los medios de mantener dentro de esa solitaria celda, cuando los interrogatorios y las sesiones de tortura se espaciaban o habían concluido, y sólo quedaba el tiempo, todo el tiempo, tiempo por todos lados y en cada rincón de la celda, tiempo por las paredes, en el suelo, en mis manos, sólo tiempo, trataba de mantener una actividad profesional, específica, desligada de los acontecimientos que me rodeaban o que yo podía suponer que me rodeaban. Evité por todos los medios adivinar mi destino, el de mi familia, el del país. Simplemente me dedicaba a ser conscientemente un hombre solitario que ha sido encargado de una tarea específica.

A veces algo fallaba en el mecanismo, y debía dedicar varias horas a reconstruirlo: algún dolor físico que quedaba de los interrogatorios, hambre, la necesidad de una voz humana, de un contacto, de un recuerdo. Pero siempre logré reconstruir la mecánica de la evasión. Y pude así evitar caer en ese otro mecanismo de los presos solitarios torturados, que los lleva a establecer un nexo con su carcelero o su torturador. Ambos parecen sentir que hay algo que necesitan en el otro: el torturador, la sensación de su omnipotencia, sin la cual quizás se le haría difícil ejercer su profesión; el torturador necesita de la necesidad del torturado; y el torturado encuentra en su torturador una voz humana, un diálogo sobre su situación, el ejercicio de algo de su condición humana: pide piedad, ir al lavatorio, un plato más de sopa, pregunta por el resultado de un partido de fútbol.

Pude evitar todo eso.

Cuando ya en celdas legales mi familia podía visitarme, los guardias estaban dispuestos a hacernos llegar paquetes de comida a cambio de algún regalo. No utilicé el sistema, y un policía le dijo a mi esposa que me estaba castigando solo, que me hacía el mártir. No sé por qué me ajusté a esa sobriedad orgullosa. Hoy mismo no sabría decir si es conveniente, pero en ese momento me servía para tener una idea de mis reservas, y me alegraba. Lo otro hubiera sido consuelo, no alegría.

Después de que el Consejo de Guerra dictaminó que no había cargos contra mí, y que no sería juzgado –aunque seguí dos años más preso–, mi situación en la cárcel legal se hizo más llevadera. Había otros presos, nos dejaban conversar, las celdas estaban abiertas, cada celda tenía un inodoro (un agujero en el suelo), podíamos bañarnos todos los días, comenzamos a cocinar nuestra comida, a jugar largas partidas con las cartas, a leer diarios, y dejaban pasar algunos libros, ropa limpia, mantas y sábanas, una radio. Todos habíamos sido torturados, en mayor o menor grado. En esos diálogos, descubrimos que el primer momento siguiente al arresto era una sesión de tortura, para ablandar, aun cuando con algunos habían pasado muchos días antes que hubiera un interrogatorio después de la sesión de tortura. Otros ni siquiera habían sido interrogados.

Inevitablemente, la primera pregunta que me hacen desde que estoy en libertad es sobre la tortura a que fui sometido. Y sin embargo, para el hombre que ha sido torturado y sobrevivido, es quizás el menos importante de los temas. En esos diálogos con los otros torturados descubrí ese curioso hecho: las preocupaciones giraban en torno al tiempo que habría que estar en la cárcel, la situación de la familia, las necesidades económicas, y cuando por casualidad llegaba el tema de la tortura, era sólo para dejar caer una frase casual, en la cual no todos parecían mayormente interesados: "Yo tuve cinco días de máquina", "A mí me dieron máquina vestido", "A mí me dolió la máquina en la cabeza". Cuando a veces escuchábamos los alaridos que venían del subsuelo, quizás alguien, como al pasar, podía decir: "Están dando máquina".

Después de la tortura, ya en la espera –condenado o ignorante de su suerte–, el hombre torturado se dedica a los menesteres de la vida diaria. La tortura forma parte de una rutina diaria, por la cual se pasó y que ahora les toca a otros, de los cuales algunos sobrevivirán y otros no. Ocupa un lugar muy pequeño en el mundo del torturado, y recién cuando sale en libertad, y puede hablar libremente, o le pueden hacer preguntas libremente, se asombra de la importancia que la humanidad le concede al tema.

Los militares que me torturaron estaban tan orgullosos de haberme puesto por fin la mano encima, que se dedicaron a difundir los detalles de ese gran acontecimiento, y lo rodearon incluso de ornamentos que no creo hayan existido. Hablaron de habitaciones con espejos en que me aplicaban los shocks eléctricos y que del otro lado el episodio era observado por mucha gente. Creo que las torturas se hacían en viejos edificios, disimulados como comisarías, en pequeños pueblos alrededor de la ciudad de Buenos Aires, generalmente en alguna cocina reconstruida, o en alguna celda grande hasta la cual se puede llevar el cable de electricidad. Por cierto que también existían centros de tortura en los cuarteles militares, pero siempre ocupaban subsuelos, cocinas abandonadas.

Sin embargo, los torturadores tratan de crear otra imagen, más sofisticada, de los lugares de tortura. Como si de este modo otorgaran a su actividad un status más elevado, una especie de categoría profesional de alto nivel. Sus jefes militares alientan esa fantasía en ellos mismos así como en los demás, y esa idea de lugares importantes, métodos exclusivos, técnicas originales, aparatos novedosos, les permite dar a su mundo un toque de distinción e institucionalidad.

Esa conversión de lugares sucios, oscuros, tétricos, en un mundo de espontánea innovación y belleza institucional es uno de los placeres que más excitan a los torturadores. Es como si se sintieran dueños de la fuerza necesaria para cambiar la realidad. Y vuelve a colocarlos en el mundo de la omnipotencia. Esa omnipotencia que, sienten, les asegura impunidad; sentir que son inmunes al dolor, a la culpa, al desequilibrio emocional.

Estoy sentado en una silla. Las manos atadas al respaldo. Los ojos vendados. Llovizna, y me estoy empapando. Muevo constantemente las piernas y la cabeza, para no enfriarme demasiado. Me he orinado, la orina se ha enfriado, y la piel de las piernas, por donde ha corrido la orina, me duele. Oigo unos pasos, y una voz me pregunta si tengo frío. Me desata de la silla, y conduce a una habitación cálida. Hoy me trajeron a este lugar, a esta cárcel clandestina. Me sacaron del cuartel central de la Policía Federal, en la ciudad de Buenos Aires. Luego supe que uno de los presos que me vieron salir pidió permiso al jefe del pabellón donde estábamos, para comunicar a mi familia que me habían visto partir pacíficamente, sin ofrecer resistencia, con los brazos esposados a la espalda. Le contestaron que no convenía comprometerse, ya que me habían llevado sin orden escrita ni registro del traslado, lo que significaba que sería ejecutado.

Hace calor. Me sientan en una silla, y me sacan la venda que me cubre los ojos. Me la entregan para que la tenga conmigo. Es una cocina, muy grande. Hay unos hombres sonriendo, que visten de civil, son grandes, gordos.

Hay armas por todos lados. Los hombres están tomando café, y uno se me acerca para ofrecerme café en una jarra de lata. No deja de sonreírme. Me dice que tome despacio; me pregunta si quiero una manta, acercarme a la estufa, comer algo.

Todo en él transmite un deseo de protegerme, de generosidad. Me pregunta si quiero acostarme un rato en una cama. Le digo que no. Me dice que tienen unas muchachas presas, si quiero acostarme con alguna. Le digo que no. Se enoja porque quiere ayudarme y yo no se lo permito, no le facilito su proyecto, su propósito.

Necesita de algún modo demostrarme, y demostrarse, su capacidad de otorgar cosas, de cambiar mi mundo, mi situación. Demostrarme que necesito de él cosas que me son inaccesibles, y que sólo él puede concederme.

He visto ese mecanismo repetido cientos de veces.

Uno se siente tentado de combatir esa tendencia de los torturadores, de enfrentarla como una casi única posibilidad de sentirse con vida, pero son batallas inútiles, que a nada llevan. Conviene admitir y aceptar la omnipotencia de los torturadores en estas cosas sin importancia. Muchas veces uno las rechaza por propia omnipotencia, por un espíritu de competencia con el torturador, más que por una decisión lúcida de ofrecer combate, pero en definitiva es un acto de orgullo gratuito.

Quizás por cansancio, o por resignación; o por esa sensación que tantas veces asalta al torturado, el presentimiento de la muerte inminente, no sé por qué, pero no le contesto. Me insulta, aunque no me golpea. Me vuelve a colocar la venda sobre los ojos. Me toma de la mano y conduce al exterior de la cocina. Me sienta en la silla y ata las manos al respaldo.

Sigue lloviznando.

El hombre suspira, y se va, supongo que echándome una última mirada de incomprensión.

5

En el hall de entrada de "La Opinión" hay una madre llorando que pide verme. No tengo fuerzas para verla porque estoy tan desesperado como ella. Mi secretaria la convence de que le cuente los motivos por los cuales vino a verme. Sus dos hijos desaparecieron. Los vinieron a buscar a la casa mientras ella no estaba. Una muchacha y un muchacho, dieciocho años y quince años. Los vecinos dicen que vieron dos coches con hombres armados. En la seccional de policía de su zona le contestaron que no tenían conocimiento de ningún procedimiento, ninguna acción oficial. Está convencida de que el Director de un diario es lo suficientemente poderoso para encontrar a sus hijos.

Es mentira. No está convencida, aunque sabe que no puedo hacer nada. Todos saben que no puedo hacer nada. Pero no tienen adónde ir, y recurren a "La Opinión" porque dicen que es el único diario que se ocupa de los desaparecidos. La mayoría no sabe que hay otro diario que todos los días pide al gobierno que respete las leyes, que dé a conocer la lista de los arrestados. Pero es un diario inglés, el "Buenos Aires Herald", y no leen inglés.

Me imaginé la historia de esa mujer, y por eso no quise recibirla. Recibo a algunos, a otros no. Depende del grado de desesperación que tengo el día que vienen. Y vienen en gran cantidad. ¿Cómo decirle a esta mujer que si publico la historia de sus hijos, lo más probable es que constituya una condena a muerte? ¿Cómo decirle que el gobierno jamás tolerará que se suponga que la publicación hecha en un diario puede salvar una vida? Permitir esto significaría perder el poder de represión, la utilización del Miedo y el Silencio.

Y sin embargo, cuando mi secretaria me cuenta la historia, ¿cómo vivir con eso?

Sí, se puede vivir con eso. Así vivieron los alemanes, así vivieron los italianos. Así vivieron los portugueses. Así viven los rusos, así viven los paraguayos, así viven los chilenos, así viven los checos. Así viven los uruguayos.

Entre 1966 y 1973 hubo tres gobiernos militares en la Argentina. Presididos por tres generales. Todo el esquema institucional fue colocado bajo el título pomposo de La Revolución Argentina. Comenzó con un gran optimismo, pero a partir de 1969 se encontró en un callejón sin salida por la resistencia generalizada a la situación económica, social, política. El peronismo comenzó en esa época a aliarse con todos los partidos políticos en la exigencia de una convocatoria a elecciones, al mismo tiempo que comenzaba a constituir las Formaciones Especiales, es decir la guerrilla urbana. Juan Domingo Perón las llamaba Formaciones Especiales porque no quería, oficialmente, apoyar a la guerrilla peronista y que lo acusaran de subversivo. El título del movimiento guerrillero peronista era Montoneros.

La dictadura militar entra en crisis porque no encuentra una fórmula política propia aplicable a la situación, y convoca a elecciones. Todos los partidos políticos, todos los diarios, todas las instituciones, apoyan esta solución. El peronismo triunfa ampliamente, pero con un candidato, Héctor Cámpora, que es sostenido básicamente –y dominado– por los sectores izquierdistas y montoneros del peronismo. Un par de meses después, nuevamente la situación es insostenible, y Juan Domingo Perón organiza la renuncia de quien fue su candidato porque las Fuerzas Armadas lo habían vetado a él como posible presidente. Renuncia Cámpora, hay que convocar a nuevas elecciones, y esta vez nadie puede vetar a Perón. Más aún, el país anhela que sea Perón porque supone que tiene suficiente autoridad para concluir con la violencia.

Para esa época, ya el ala derecha de Perón había desarrollado su propia actividad subversiva a través de la Triple A (Alianza Anticomunista Argentina) dirigida por José López Rega, su secretario privado desde hacía varios años.

Los Montoneros asesinan a quienes se ocupan de reprimirlos; a quienes ellos creen que se ocupan de reprimirlos; a quienes ellos consideran que no hacen nada contra quienes los reprimen; a quienes se pronuncian contra la violencia de la derecha pero también de la izquierda, porque los consideran cómplices de la derecha; a políticos de segunda categoría amigos de políticos de primera categoría porque éstos no quieren entrar en tratos con ellos; a políticos que suponen que pueden llegar a interferir en sus planes futuros porque son liberales y atraerían a la juventud de izquierda; a periodistas de izquierda que están contra la violencia y así confunden a sus guerrilleros. Los Montoneros también secuestran porque consideran que es lógico que los hombres que pueden pagar un rescate devuelvan a la Sociedad el dinero mal habido.

La Triple A se ocupa de matar Montoneros, o a quienes supone que son Montoneros; mata a políticos liberales porque considera que sus exigencias de juicios legales a los Montoneros arrestados constituyen una forma de asociación con la izquierda; mata a abogados defensores de Montoneros presos porque considera que son una rama de la guerrilla; asesina a escritores y periodistas de izquierda, aun cuando estén contra la guerrilla, porque estima que el pronunciarse también contra el terrorismo de derecha es en realidad una forma de debilitar la voluntad represiva de la sociedad argentina. La Triple A obtiene sus recursos económicos para la compra de armas, automóviles, pagar sueldos, adquirir propiedades para sus cárceles clandestinas, de la recuperación de bienes: el botín que toman en los allanamientos, el rescate pagado por las personas que secuestran, generalmente miembros económicamente poderosos de la comunidad judía.

Los Montoneros han logrado obligar a unas quinientas grandes empresas comerciales a que les entreguen una cuota monetaria mensual, como protección contra el secuestro o atentados a sus ejecutivos. La Triple A obtiene copia de esa lista y logra que esas quinientas grandes empresas también se suscriban al apoyo económico de la Triple A. Las empresas pagan a las dos organizaciones.

(Al asumir el poder, en 1976, las Fuerzas Armadas incorporan a sus estructuras operacionales a todo el conjunto de la Triple A, menos a su jefe, José López Rega, quien se encuentra en el exterior, pero no lo buscan. También se apoderan de la lista de quinientas empresas, y negocian con casi todas un aporte sustancial a la lucha contra la subversión. Las empresas vuelven a pagar.)

Los Montoneros integran sus filas con la juventud peronista, básicamente estudiantes universitarios y empleados. Sólo existen en las grandes ciudades.

La Triple A integra sus filas con policías y suboficiales retirados, generalmente con aquellos que han tenido problemas de indisciplina, cometido delitos, que han sido castigados por algún motivo mientras estaban en filas.

El clima de violencia envuelve a todo el país. Todavía se supone que Juan Domingo Perón puede resolver la situación, y en las elecciones triunfa por un margen aun mayor que el obtenido por Cámpora. A pesar de que arrastra consigo, en la fórmula electoral, el peso muerto de su esposa, triunfa con casi un 70 por ciento de los votos. Ya es el tercer presidente peronista de ese año 1973. Pero no logra dominar la violencia, y es difícil saber si realmente quería hacerlo. Un año después muere, y la situación comienza a deteriorarse aun más en todos los niveles: especialmente el económico y el de la violencia. Su viuda, Isabel Perón, logra permanecer hasta marzo de 1976, en que las Fuerzas Armadas toman el poder. No fue su habilidad política la que logró esa supervivencia de casi veinte meses. Los militares necesitaron todo ese tiempo para preparar sus planes, según algunos observadores. Sin embargo, en verdad los planes ya estaban preparados. Los militares necesitaban algo que resultaría mucho más importante: que la situación se pudriera lo suficiente como para que toda la población –la prensa, los partidos políticos, la Iglesia, las instituciones civiles– considerara inevitable la represión militar. Necesitaba aliados, para luego convertirlos en cómplices. Necesitaba que el Miedo por la seguridad personal, por la crisis económica, por lo desconocido, fuera tan grande como para que tuvieran el margen de tiempo, de contemplación, de pasividad, necesario para desarrollar lo que consideraban la única solución al terrorismo de izquierda: el exterminio.

Hay en Buenos Aires un lugar que los habitués habíamos convertido casi en un club privado: el bar y restaurante en el subsuelo del Plaza Hotel. La *boiserie*, las mesas, las sillas, la vajilla, los decorados, todo tenía un agradable aire *art nouveau*. No nos molestaban los turistas, pasaban desapercibidos. Éramos un vasto grupo, una casi multitud de ejecutivos, empresarios, periodistas, políticos, altos funcionarios.

Teníamos nuestros platos preferidos, gozábamos con ese esnobismo de que los *maîtres*, camareros y *sommeliers* conocieran nuestros gustos, y nosotros los conociéramos por sus nombres. Todos sabíamos que los servicios secretos, cada tanto –cuando reservábamos mesa con anticipación–, colocaban micrófonos para grabar nuestras conversaciones, y nos resultaba gracioso y divertido.

Durante años, mantuve en ese lugar conversaciones con futuros presidentes de la Argentina así como con ex presidentes, con ministros como con ex ministros. Estaba ejerciendo el periodismo político desde 1946, y había llegado a ese restaurante, por primera vez, como invitado de un político. Ahora, director de un diario, era yo quien invitaba.

De mesa a mesa se cruzaban los saludos. Muchas veces he visto cómo se saludaban altos funcionarios del gobierno de turno con militares y civiles que estaban conspirando para el derrocamiento de ese gobierno. A veces quienes estaban almorzando en una mesa concluían tomando el café y los licores con los participantes de otra mesa.

Los diplomáticos venían a preguntar; los políticos, a informarse; los periodistas, a compartir sus informaciones; los militares, a establecer contactos; los empresarios, a hacer relaciones públicas con el poder actual o el futuro.

Ese clima de casi frivolidad perduró durante años basado en esos lemas que los argentinos gustan decirse a sí mismos: "Dios es argentino. Aquí no pasa nada"; "Mientras los toros no se conviertan en homosexuales, la economía argentina andará bien". Pero con el crecimiento de la violencia de derecha e izquierda, el clima fue cambiando. Esa multitud comenzó a sufrir algunas bajas temporarias por secuestro, o permanentes por asesinato. También extrañábamos a quienes habían decidido vivir en el exterior. Generalmente ese exterior era solamente radicarse en el hermoso balneario de Punta del Este, en la costa uruguaya, apenas cuarenta minutos en avión. Entonces, los veíamos algunos fines de semana, o en verano. Pero el hecho es que en esos años de 1972, 73, 74, 75, 76, los asistentes comenzaban a experimentar preocupaciones y miedos a los que no estaban acostumbrados. La realidad argentina dejaba de tener ese aire de generosa gratuidad, y se apoderaba de nosotros un desasosiego permanente, que habíamos visto en los europeos que llegaban a Buenos Aires poco después de la Segunda Guerra.

En uno de esos almuerzos, unas semanas después del derrocamiento de Isabel Perón, conocí a un oficial de la Marina argentina. Un amigo común consideró necesario que conversáramos, y luego calificó el encuentro como el diálogo entre un ejecutor y un suicida. Se supuso en ese momento, y lo acepté, que el suicida era yo. Ahora no estoy tan seguro.

Como muchos de los militares de esa época, sentía hacia los peronistas de la guerrilla urbana un odio visceral. Les resultaba difícil, imposible, una aproximación política al problema, porque por encima de todo sentían su orgullo herido. La sola idea de que la guerrilla hubiera querido ganarles la batalla en el campo armado, era mucho más de lo que podían soportar. Y si bien no era la primera vez que las Fuerzas Armadas argentinas ocupaban el poder derrocando a un gobierno elegido en elecciones populares, jamás se había visto tal sistematización del odio. Después de todo, los militares habían ocupado el poder, desalojando a gobiernos electos, en 1930, 1943, 1955, 1962, 1966 y ahora en 1976. Ese hombre de cuarenta a cuarenta y cinco años, que seguramente había comenzado su carrera a la edad de trece años, en el Liceo Naval, después pasó por la Escuela Naval, y después se incorporó a su arma, había vivido todos esos años viendo a sus maestros, luego a sus jefes, luego a sí mismo, participar en la elaboración de golpes militares. Y él mismo podía comprobar que nunca había existido en sus filas tal magnitud de odio, tal placer en el odio.

Todos mis intentos de llevar la conversación hacia el análisis de lo que podía convenir al país en el terreno político, tanto a corto como a largo plazo, chocaban con esa convicción de la inevitabilidad del odio, de la necesidad del exterminio.

Hacía apenas cuarenta y ocho horas se había descubierto, por casualidad, que toda la comida destinada a un grupo de oficiales en un edificio militar estaba envenenada. De haberse realizado el almuerzo, suspendido a último momento, seguramente unos doce oficiales de alta graduación hubieran fallecido.

–¿Qué haría usted, Timerman, si se pudiera arrestar a los culpables?

–Es evidente que fue la guerrilla. Los sometería a las leyes militares. Trataría de que el juicio fuera público, hasta donde es posible. Permitiría al menos la asistencia de periodistas, e incluso invitaría a juristas del exterior.

–¿Con qué objeto?

–Inevitablemente, en ese juicio aparecerían los móviles y métodos de la subversión de izquierda. Serían expuestos claramente tanto la alucinación política de la subversión, como la dicotomía entre sus alegatos y sus métodos. Todo ese conjunto de ideas confusas e improvisadas, que constituyen la estructura mental de la guerrilla, aparecerían desprovistas del romanticismo que les otorga el rumor, la clandestinidad, el supuesto martirologio. Desde el punto de vista interno, a la Argentina le conviene ese enjuiciamiento político, esa clarificación política que hasta ahora no pudo hacerse totalmente. La derrota política de la subversión es tan importante como la derrota militar. La aplicación de métodos legales a la represión suprime uno de los grandes ingredientes que explota la subversión: el carácter ilegal de la represión. En cuanto al mundo exterior, sólo la legalidad les puede resultar admisible. Un gobierno que adopta métodos legales en la represión impide que la guerrilla encuentre aliados circunstanciales en hombres democráticos que no pueden aceptar la aplicación de métodos que inevitablemente les recuerdan los de Hitler o Stalin. O los de Idi Amin.

–Pero comprenderá, Timerman, que la aplicación de métodos legales significa seguramente una condena a la pena de muerte. Los que intentaron el envenenamiento fueron soldados. Están sometidos al Código de Justicia Militar. Intentaron asesinar a sus superiores. Es algo claro.

–Ya lo sé. Es duro, pero es aceptable.

–¿Usted aceptaría, entonces, la condena a muerte de esas personas?

–Sí, la aceptaría. La acepto.

–Bueno, pues alégrese, ya fueron ajusticiados.

–¿Sin juicio, sin defensa, sin que se tuviera conocimiento?

–Si hubiéramos seguido el método que usted aconseja, una vez condenados a la pena de muerte, hubiéramos debido suspender la ejecución.

–¿Por qué?

–Porque hubiera intervenido el Papa.

–Es posible, pero es más soportable negarse a un pedido del Papa que teñir todo el actual proceso político de una evidente, y sangrienta, ilegalidad que lo compromete para el futuro. Lo único que se conseguirá es que, agotada esta etapa, reaparezca la venganza y la violencia. Se están colocando las semillas de una futura violencia.

–Usted es judío, y no comprende que no podemos negarnos a un pedido del Santo Padre.

–Pero el Papa se conformaría con una condena a cadena perpetua...

–Y dejaríamos vivo a un terrorista de veinte años para que sea amnistiado quizás dentro de diez o quince años, cuando haya algún Parlamento en este país y voten una ley de amnistía. Imagínese, sólo tendrá treinta o treinta y cinco años. La edad de un buen jefe militar o político, con la imagen de un mártir para la juventud.

–Por eso hay que lograr la derrota política, crear las condiciones de una convivencia democrática, que la mayoría de la juventud busque sus símbolos en otro lado.

–Si exterminamos a todos, habría miedo por varias generaciones.

–¿Qué quiere decir todos?

–Todos... unos veinte mil. Y además sus familiares. Hay que borrarlos a ellos y a quienes puedan llegar a acordarse de sus nombres.

–¿Y por qué cree que el Papa no protestará ante esta represión? Ya lo están haciendo muchos gobernantes mundiales, líderes políticos, dirigentes gremiales, científicos...

–No quedará vestigio ni testimonio.

–Es lo que intentó Hitler con su política de Noche y Niebla. Enviar a la muerte, convertir en ceniza y humo a aquellos a quienes ya había quitado todo rostro humano, toda identidad. Y, sin embargo, quedaron en algún lugar, en alguna memoria, registrados sus nombres, sus imágenes, sus ideas. Por todos ellos, y cada uno, pagó Alemania. Y aún está pagando, con un país que quedó dividido.

–Hitler perdió la guerra. Nosotros ganaremos.

Familias enteras desaparecieron. Los cadáveres eran envueltos en cemento y arrojados al fondo del río. Del Río de la Plata, del río Paraná. A veces el cemento estaba mal colocado, y sobre las costas argentina y uruguaya aparecían cadáveres. Una madre reconoció a su hijo de quince años, argentino, que apareció en la costa uruguaya. Pero fue una casualidad, porque los cadáveres volvían a desaparecer.

Los cadáveres eran colocados en viejos cementerios, debajo de tumbas ya existentes. Jamás serán encontrados.

Los cadáveres eran arrojados al medio del mar desde helicópteros.

Los cadáveres eran descuartizados e incinerados.

Los hijos pequeños eran entregados a los abuelos, cuando había piedad. O regalados a familias sin hijos. O vendidos a familias sin hijos. O llevados a Chile, Paraguay, Brasil, y entregados a familias sin hijos.

Las personas que intervenían en estos operativos eran generalmente trasladadas después de un tiempo a otras regiones, o tareas. Los lugares donde se realizaban las masacres eran modificados después de un tiempo de uso. Un viejo edificio era derruido, el lugar convertido en un jardín público, o vendido para que se construyera rápidamente un inmueble de viviendas. Los edificios nuevos eran modificados, aplicados a otros usos.

Noche y Niebla.

Y, sin embargo, aun en el triunfo, los militares argentinos descubrieron que todo se sabe. Y ésta es la principal ventaja que le han dado a la guerrilla y al terrorismo: haber admitido la irracionalidad terrorista como política, y haber superado la de sus opositores.

Porque la guerrilla contestó con igual ferocidad, pero menores recursos. Y todo se redujo entonces a un enfrentamiento de recursos, en vez de ser la batalla de una concepción política contra otra, de una moral contra otra. La guerrilla puso bombas en salones de conferencias para militares, en comedores para policías. Pero no pudo competir. Y, sin embargo, no fue derrotada en el terreno ideológico, moral, porque sigue esgrimiendo la irracionalidad de la represión, el abuso del poder, la ilegalidad de los métodos. Y es su carta para el futuro.

No, no hay ni habrá Noche y Niebla.

Lo que sí hubo, desde el primer momento, fue el gran Silencio que aparece en todo país civilizado que acepta pasivamente la inevitabilidad de la violencia, y sobre el cual cae de golpe el miedo. Ese Silencio que puede convertir a toda una nación en cómplice.

Ese Silencio que hubo en Alemania, cuando aun muchos bien intencionados suponían que todo volvería a la normalidad cuando Hitler terminara con los comunistas y los judíos. O cuando los rusos suponían que todo volvería a la normalidad cuando Stalin terminara con los trotskistas.

Primero, fue esa misma convicción en la Argentina. Luego fue el miedo. Y a partir del miedo, la indiferencia. "A quien no se mete en política, no le pasa nada."

Ese Silencio comienza en los medios de comunicación. Algunos dirigentes políticos, algunas instituciones, algunos sacerdotes intentan denunciar lo que ocurre, pero no logran establecer contacto con la población.

Ese Silencio comienza por tener un gran olfato. La gente olfatea a los suicidas, y les escapa. Entonces el Silencio ya tiene otro gran aliado: la Soledad. La gente teme a los suicidas como teme a los locos. Y el que quiere luchar ve su Soledad, y se asusta.

Entonces el Silencio recurre al patriotismo. En el patriotismo el Miedo encuentra su gran revelación moral, su indudable capacidad de justificación, su clima de gloria, de sacrificio. Sólo en el exterior del país se formulan revelaciones y no hay Noche ni Niebla. Pero eso es la "Campaña Antiargentina".

Entonces es mejor ser Patriota y no quedarse solo.

No meterse en política, y quedar vivo.

Dejo la reunión en el Plaza Hotel lleno de sueños de gloria y lucha. Acepto el desafío. Estoy convencido de que tengo muchas cartas en mi mano.

1) Envío un periodista a Londres, a pasar una semana en el Instituto de Altos Estudios Estratégicos. Tengo información de que han realizado varios trabajos sobre las formas democráticas de lucha contra el terrorismo de izquierda. Reunimos material, y editamos un suplemento especial de "La Opinión". Estoy entusiasmado: varios je-

fes militares me comentan el material. De la Embajada inglesa me informan que algunos jefes militares han solicitado más información, consultar las fuentes que consultó "La Opinión". Les hacen llegar algunos libros. En todos los libros se coincide, en diferente grado, en que la represión irracional e ilegal compromete el triunfo futuro, el triunfo político, la constitución de una sociedad democrática. La represión ilegal deja abiertas las puertas para el retorno del terrorismo de izquierda. La represión ilegal no se puede mantener indefinidamente. Cuando se detiene, el terrorismo regresa armado con un bagaje de martirologio.

2) Me reúno con un ex presidente de la Nación. Tenemos varios ex presidentes vivos. Le propongo que todos firmen un documento conjunto contra la violencia en cualquiera de sus formas, contra la violencia de derecha e izquierda, a favor de los métodos legales de represión. Cree que sería posible lograr algo parecido a mi proyecto, si primero los directores de diarios publicaran un editorial, un mismo editorial en todos los diarios, firmado por todos, con las mismas tesis. Le digo que estoy dispuesto, y que quizás logre que me acompañen algunos diarios pequeños, pero difícilmente algún diario de magnitud nacional, como es "La Opinión". Intentaré, de todos modos. Él también intentará por su lado. Los dos fracasamos. Un familiar suyo muere en un atentado. Un ex secretario desaparece para siempre.

3) Hay una revista católica de mucho prestigio que publica análisis y comentarios positivos, democráticos, sugiere respetar la legalidad, el derecho. Se pronuncia contra algunas operaciones represivas de las Fuerzas Armadas. Comienzo a reproducir algunos de esos artículos en mi diario, para darles mayor difusión. El director de la revista recibe amenazas y es destinado a un alto cargo en el Vaticano. Pero la revista sigue con su línea informativa y no me prohíbe reproducir sus artículos. Reproduzco el

69

artículo de una revista jesuita. No sólo clausuran "La Opinión"; me informan además de que el autor del artículo, un sacerdote, es sacado clandestinamente del país por los jesuitas porque se teme por su vida. Me siento muy solo. Reproduzco artículos de algunos pequeños diarios del interior del país. Los amenazan. Clausuran uno que otro. Vuelan con una bomba la casa de mi redactor de asuntos católicos. No muere nadie.

4) Instruyo a los periodistas políticos y a los cronistas militares de "La Opinión" de incrementar los contactos con líderes de las dos esferas. Detectar a todo dirigente democrático, que quiera decir unas palabras, escribir un artículo; a todo militar que prevea el peligro que para el futuro del país significa la ilegalidad que está adquiriendo el proceso. Muy pocos quieren hablar con nosotros. Estamos muy solos. Algunos periodistas renuncian.

Estoy tirado en el suelo de la celda. Hace calor. Tengo los ojos vendados. Se abre la puerta y alguien dice que me trasladan. Hace dos días que no me torturan.

El médico me visitó y me sacó la venda de los ojos. Le pregunto si no le molesta que le vea el rostro. Se asombra:

–Soy su amigo. Yo soy el que lo cuida cuando le dan máquina. ¿Comió algo?

–Me cuesta comer. Tomo agua. Me dieron una manzana.

–Hace bien. Coma poco. Después de todo Gandhi sobrevivió con mucho menos. Si necesita algo, llámeme.

–Me duelen las encías. Me dieron máquina en la boca.

Observa las encías, y me asegura que no me preocupe. Que tengo una salud perfecta. Dice que está orgulloso de mí por la forma en que aguanté. Algunos se le mueren sin que hubiera decisión previa de matarlos, y considera que eso es un fracaso profesional. Dice que fui amigo de su padre, también médico de la policía. Sí, creo recordar los rasgos. Le doy el nombre, y efectivamente es el hijo. Me asegura que no me van a matar. Le digo que hace dos días que no me torturan, y se alegra.

El que me vino a buscar hace una broma: "A la cámara de gas". El médico se enoja. "No somos antisemitas."

Sí, me trasladan a la Jefatura de Policía de la ciudad de La Plata. Tardamos una media hora en llegar, pero al entrar en la ciudad me sacan la venda de los ojos, y me dejan sentar. Estuve todo el tiempo acostado en el suelo del coche. Reconozco esa ciudad donde fui estudiante universitario, hace muchos años. Una ciudad típicamente estudiantil, anchas calles arboladas. Estuve muchas veces en esa Jefatura de Policía haciendo trámites. Me entran por la puerta de ingreso del Cuartel de Bomberos y llegamos al subsuelo. Sigo con las manos esposadas a la espalda. Hay un pasillo, y apoyada contra la pared, una alta escalera de pintores. Vuelven a colocar la venda sobre los ojos, y me esposan una de las manos al escalón más bajo de la escalera. Puedo estar sentado o acostado.

Estoy así un par de días. Sólo me dan agua. Me permiten, cada tanto, ir al baño. Suele pasar bastante gente porque oigo los comentarios. Me hablan con amabilidad. Es decir, sin gritos, ni insultos, ni bromas, ni sarcasmos. Me conocen, recuerdan mis audiciones de televisión, dicen que todos los diarios informan sobre mí, me aseguran que me ven muy bien.

Me sacan la venda de los ojos, y nada más. Se suceden diferentes guardias. Cambian cada seis horas. Comienzo a conocerlos. Hay uno que cada vez que pasa a mi lado me pega un puntapié sin decir una palabra. Le pregunto a otro guardia por qué lo hace. Me pide que lo comprenda, que es un buen muchacho pero no puede soportar a los judíos, es más fuerte que él. Para compensarme, acerca una taza de café.

El interrogatorio es en el comedor privado del Director de Investigaciones, en el piso superior. Me van a interrogar dos personas que están almorzando, y ofrecen compartir la comida.

William Skardon fue durante muchos años, más de veinte, el principal interrogador del Servicio de Seguridad interna de Gran Bretaña, el MI5. Le correspondió interrogar al espía atómico ruso Klaus Fuchs y obtener su confesión. Cierta vez recordó Skardon que uno de sus instructores le había enseñado el mejor método para interrogar: repetir una misma pregunta muchas veces, en diferentes momentos del interrogatorio, como si nunca se hubiera hecho antes. El objetivo es comprobar cuántos cambios introduce el interrogado en las respuestas, señalarle luego las aparentes contradicciones, e insistir hasta lograr la respuesta que uno busca, o que sospecha que existe.

El método de mis interrogadores, en esta jornada, es diferente. Me aseguran que quieren tener solamente una conversación política. Pero ya tienen algunos puntos a su favor: vengo de largas jornadas de torturas y de haber firmado con los ojos vendados muchos papeles que dicen que son declaraciones que he formulado. También me hicieron colocar mis impresiones digitales en esos papeles. Esgrimen esos papeles, si bien no me los dejan leer.

Cuando una respuesta no les gusta, inmediatamente me piden que les cuente mi vida. Miran en sus papeles. Cuando me olvido de algo, o comienzo con la época en que tenía quince años, me piden que comience antes, por ejemplo cuando llegué a la Argentina, a los cinco años, o cuando ingresé a la Organización Macabi, a los ocho años.

Si una respuesta les gusta, me la hacen escribir a mano, firmar y colocar la impresión digital del pulgar derecho.

Y lo que más entusiasmo despierta son mis teorías sobre la necesidad de luchar contra el terrorismo de derecha y de izquierda. Consideran que esas ideas serán la parte principal del acta de acusación contra mí, porque "identificar a las fuerzas legales con la subversión es ser un subversivo".

Por un momento hablo del fascismo de derecha y de izquierda. Se enojan seriamente, pero no me golpean. Estamos en una conversación política. ¿Cómo puedo ofender al fascismo colocándolo junto a una idea como la izquierda?

En esta conversación política que dura largas horas, quizás quince o veinte, se repiten un poco todos los elementos de mi diálogo con el militar en el almuerzo del Plaza Hotel. Pero aquí la exposición de mis ideas resulta más una confesión que la expresión de un proyecto político. Mi convocatoria a la legalidad se convierte en una táctica para debilitar la operatividad de las fuerzas de seguridad. Mi búsqueda de aliados democráticos en las filas políticas y militares se convierte en una tarea clandestina para organizar un aparato de oposición a las fuerzas de seguridad. La reproducción de artículos de otras publicaciones se convierte en una satánica provocación tendiente a lograr que el gobierno clausure numerosas publicaciones, enfrentándolo a diferentes sectores. Aceptar la pena de muerte si resulta de un juicio significa querer presentar a las Fuerzas Armadas como asesinos.

Confirmo todas mis ideas, mis convicciones. Y realmente están satisfechos, ya que es la demostración que buscaban las fuerzas de seguridad sobre el carácter subversivo de mi actividad periodística. Me preguntan si quiero bañarme, aprovechar la oportunidad que quizás por un tiempo no vuelva a tener. Dudo un poco, porque estoy muy cansado. Me dicen que no me doy cuenta de cómo apesto. Sí, hace casi un mes que no me lavo. Acepto el baño, y hay un guardia en la puerta. Me veo muy delgado en el espejo. Debo haber bajado unos veinte a veinticinco kilos, pero no tengo señales de las torturas. El perfume del jabón y del agua... los descubro quizás por primera vez. Me invade una sensación que había olvidado, y me asusto, porque hasta ahora había evitado todo lo posible los recuerdos.

Vuelve el interrogador, y pregunta a qué se debía que en el suplemento cultural de los domingos insistíamos con tanta frecuencia sobre los disidentes rusos. Contesto que comenzamos hace ya varios años con publicar toda la información que obteníamos sobre el tema, y que incluso habíamos contratado a una traductora del ruso para que al menos los poemas de los disidentes tuvieran versión directa, y no a partir del francés o el inglés. Me dice que no entendí la pregunta. Quiere saber por qué lo hacíamos. Intento, una vez más, explicar la ideología de "La Opinión", la lucha contra los extremismos de izquierda y derecha, pero me interrumpe. Está convencido de que la difusión de la actividad de los disidentes tenía como único objeto glorificar la idea de la disidencia, y transmitir esa glorificación a la juventud argentina, ofreciéndoles así elementos ideológicos para disentir con las Fuerzas Armadas.

Cierra la llave del agua. Todavía estoy enjabonado.

Se me ocurre una estratagema para ayudar a la madre. No puedo publicar algo en el diario porque sería contraproducente. No puedo llamar al cuartel donde la madre cree que tienen a sus hijos, porque los matarían. Pero puedo enviar a uno de mis cronistas a investigar al comando de una de las Tres Fuerzas Armadas. Por supuesto que al comando de una de las armas que, según la madre, no es donde están sus hijos. ¿En qué consiste la táctica?

Bastará que el cronista diga que un oficial del arma, que sí tiene a los hijos, le comentó que esos dos muchachos están secuestrados en el comando que está visitando. Y que también le hicieron el mismo comentario varios dirigentes políticos. La competencia entre las tres armas es una vieja tradición argentina, así como las sospechas e intrigas.

En el comando donde el periodista dejó caer la información, se preocupan por la imagen de su arma. Ordenan a su propio servicio de inteligencia averiguar dónde están los muchachos. Los ubican. El varón ya no aparecerá más, la niña se salva. Queda demostrado que esa arma nada tuvo que ver con el secuestro.

Recuerdo algunos de los infinitos y variados milagros que salvaron vidas en la Segunda Guerra. Los increíbles inventos de subterráneos, cuevas, armarios disimulados en el fondo de otros armarios, pozos en el fondo de otros pozos, documentos fraguados; los gentiles que hoy son honrados en Jerusalem por haber salvado judíos haciéndolos pasar por cristianos, por hijos propios; los judíos disimulados en conventos. Pero cuando se leen las estadísticas de la ocupación nazi en Europa, las cifras abruman más que las historias individuales, las superan ampliamente.

Sí, es cierto, se salvó uno de los hijos de esa madre. Pero no todos los días era posible inventar una táctica que funcionara. También en la Argentina las estadísticas, en ese año del 1976, superan ampliamente los milagros.

Enero 26 de 1980. Semanario inglés "The Economist", volumen 274, número 7117. Una sección especial dedicada a la Argentina. Aspectos políticos, sociales y económicos. El periodista Robert Harvey escribe:

El uso del terrorismo oficial para combatir el terrorismo ordinario convirtió a la Argentina en un lugar mucho más peligroso que Chile después de su golpe de Estado porque las reglas del juego, para los críticos del gobierno, estaban mal definidas. Un periodista, por ejemplo, podría haber recibido la aprobación de un ministro para proseguir y publicar un artículo criticando un aspecto de la política del gobierno. Pero no podría saber si un servicio de seguridad perteneciente ya sea al Ejército, o a la Fuerza Aérea, o a la Marina, o al gobernador militar local, o al go-

bernador provincial, o independiente de todos éstos, podría o no ofenderse. Y, posiblemente, ni siquiera un alto
ministro podría ayudarle si fuera secuestrado una noche
por un grupo de hombres desconocidos.

6

Me ordenan colocarme de espaldas a la puerta. Me vendan los ojos. Estoy "tabicado", según la jerga policial. Me han colocado un "tabique" sobre los ojos. Me sacan de la celda. Recorro un largo trecho empujado por atrás y dirigido por alguien que cada tanto me toma por los hombros y coloca en la dirección que debo caminar. Doy muchas vueltas, pero mucho tiempo después, cuando estaba en arresto domiciliario, un policía comenta que seguramente el trecho que recorría era muy breve y que me hacían dar vueltas por un mismo lugar.

Oigo un rumor de voces, y tengo la impresión de que estoy en alguna habitación grande. Supongo que me harán desvestirme para una sesión de tortura. Me sientan vestido, sin embargo, en una silla, y atan los brazos al respaldo. Comienzan a aplicarme descargas eléctricas que me llegan a la piel a través de las ropas. Es muy doloroso, pero no tanto como cuando me acuestan desnudo y rocían con agua. Sin embargo, al sentir la descarga sobre la cabeza, pego unos grandes saltos y aúllo.

No hacen preguntas. Simplemente es una catarata de insultos de todo calibre, que sube de tono a medida que pasan los minutos. De pronto una voz histérica comienza a gritar una sola palabra: "Judío, judío... judío". Los demás se le unen y forman un coro batiendo palmas, como cuando éramos niños y en el cine la película de Tom Mix salía de cuadro. Batíamos palmas y gritábamos "Cuadro... Cuadro".

Están muy divertidos ahora, y se ríen a carcajadas. Alguien intenta una variante, mientras siguen batiendo palmas: "Pito cortado... Pito cortado". Entonces van alternando mientras siguen batiendo palmas: "Judío... Pito cortado... Judío... Pito cortado". Creo que ya no están enojados; se divierten.

Doy saltos en la silla, y aúllo mientras las descargas eléctricas continúan llegando a través de las ropas. En uno de los estremecimientos caigo al suelo arrastrando la silla. Se enojan como niños a quienes se les ha interrumpido un juego, y vuelven a insultarme. La voz histérica se impone sobre todas las demás: "Judío... Judío...".

Le pregunto a mi madre por qué nos odian tanto. Tengo diez años. Vivimos en uno de los barrios pobres de Buenos Aires, en una habitación, mis padres, mi hermano y yo. Hay dos camas, una mesa y un armario. Es un gran inquilinato, y mi madre está preocupada porque somos los únicos judíos. Discute constantemente con mi padre, pero el alquiler de una habitación en el barrio judío –"la ciudad", como dice mi padre– es mucho más costoso. Mi madre estima que es peligroso no tener amigos judíos.

Estamos en el patio, donde a cada habitación le corresponde un lugar para colocar su cocina. Las cocinas son una especie de estufas a carbón, a la intemperie, con espacio para colocar dos ollas. Cuando llueve se cocina dentro de la habitación, en un "Primus". Acabo de regresar de la carbonería, coloco unos carbones sobre unos papeles. Mi madre prende fuego a los papeles porque un niño no debe jugar con fuego, pero soy yo el que trata de que el carbón se encienda con la ayuda de un cuaderno que utilizo para darle aire.

Hay una gran excitación en el inquilinato, porque este fin de semana comienzan los festejos del Carnaval. Pregunto a mi madre si puedo disfrazarme. No tenemos dinero para comprar un disfraz, ya lo sé, pero mi madre es una buena costurera. Toda la ropa que vestimos mi hermano y yo es cosida por mi madre, pantalones, camisa, ropa interior. Nos compran solamente las medias, porque los zapatos generalmente son regalo de mis primos ricos. Quizás mi madre pudiera confeccionarme un traje de payaso, de tela blanca. Podría utilizar una sábana vieja, de esas que coloca sobre la mesa, para planchar. También podría ser una capa de pirata, y luego pintarme el rostro con un corcho quemado.

Es el año 1933, y hace cinco años que hemos llegado desde Rusia. Mi madre dice que somos nuevos en la Argentina, "verdes", pero yo no me siento nuevo. Me habla en ídish, y yo le enseño español. Aprende, pero sigue hablándome en ídish y me llama "Iánkele". Me avergüenza en todos lados. Pero la traducción al español también despierta sonrisas en la gente: Jacobo es muy judío. Un familiar le había aconsejado que me inscribiera con el nombre de Alejandro, cuando llegamos al país, pero mi padre se opuso.

No tendré disfraz de Carnaval, ni me permitirán jugar y festejar en la calle, porque según mi madre el Carnaval es una fiesta antisemita. La gente se disfraza para demostrar que los judíos no tienen patria, y que están dispersos en todas las naciones, y que visten con la ropa de los demás pueblos. Pero, dice mi madre, si me quiero disfrazar, una linda fiesta para hacerlo y divertirse como gente honrada es Purim.

–¿Y de qué me voy a disfrazar en Purim?

–Te voy a disfrazar de Herzl o Tolstoy, que fueron dos grandes hombres. Irás con una hermosa barba, y mirarás con seriedad a todo el mundo. Y dirás algunas palabras de algunos de los libros que escribieron.

–Pero todos se van a reír de mí.

–Sólo los *goim* se van a reír. Los judíos no se ríen de la gente inteligente y estudiosa.

–Madre, ¿por qué nos odian?

–Porque no entienden.

* * *

Sí, mi madre creía de buena fe que si los antisemitas nos entendieran, dejarían de odiarnos. Pero ¿entender qué? ¿Nuestra tradición, nuestra religión, nuestra cultura, nuestra personalidad? Nunca me lo dijo.

Se podría suponer que todavía sigo haciendo las preguntas que haría un niño judío de diez años de edad. Y que me muevo en el mundo de las respuestas de una humilde mujer judía que leía con dificultades y tenía una noción muy vaga del mundo. Pero, acaso, de todas las respuestas que se han dado a la vieja pregunta de por qué nos odian, ¿hay alguna más inteligente que otra, hay alguna válida? Jamás encontré una respuesta que se acercara un poco siquiera al pozo de angustia en que vive el que se siente odiado. No he encontrado respuesta ni en los filósofos, ni en los religiosos, ni en los políticos.

Todo lo que se ha escrito puede iluminar sólo algunas circunstancias. El papel del judío en las diferentes épocas de la historia, la relación del judío con la producción, con la cultura, con la política. El lugar judío en la sociedad esclavista, en la Edad Media, en el estallido del Renacimiento. El motor judío en la sociedad urbana. La vitalidad judía en las grandes revoluciones. Los judíos que jugaron un papel clave en el pasaje de una época histórica a otra. Las reacciones de los no-judíos en función de sus propios problemas catalizados a través de su relación con los judíos. Está todo estudiado, digerido, vuelto a estudiar, repetido, traducido, estudiado una vez más, profetizado, explicado y vuelto a aclarar, y sin embargo cada vez que me acerco al recuerdo de aquella voz gritándome judío en una cárcel clandestina en la Argentina, no logro entender todavía por qué un militar argentino que luchaba –cualesquiera que sean los métodos– contra el terrorismo de izquierda, podía sentir tal odio hacia un judío.

No sólo mi madre suponía que una buena explicación podía aclararle a los *goim* sus interrogantes. No sólo mi madre suponía que nos odiaban porque no nos entendían. En 1935 el gobierno nazi estudiaba las leyes que debían modificar la situación legal de los judíos en Alemania. Los dirigentes de la comunidad judía publicaron importantes avisos en los diarios de Berlín destacando los nombres de los judíos que habían sido condecorados durante la Primera Guerra por su actuación en la filas del Ejército alemán. Sostenía el aviso que los judíos eran buenos ciudadanos alemanes, y que así lo habían demostrado. Poco después, en setiembre de 1935, se votan las leyes de Nuremberg, que anulan la ciudadanía alemana a todos los judíos. Los dirigentes judíos de Alemania creían que todo el problema radicaba en que los nazis no entendían, y que bastaba que se les informara que los judíos eran buenos ciudadanos, incluso algo militaristas, xenófobos respecto de los franceses y anticomunistas.

En 1936 se disputan las Olimpiadas en Berlín. Algunos miembros de la delegación atlética de los Estados Unidos de América son judíos. Deciden asistir a los Juegos Olímpicos y tratar de superar a los atletas alemanes. Esto demostrará a los nazis que no existe la superioridad aria, que los judíos no son inferiores a los demás seres humanos.

Preparando este libro, he acumulado miles de datos, anécdotas, interpretaciones, citas, estadísticas. Pero reproducirlos, armar con ese aluvión tipográfico otro aluvión tipográfico, aunque organizado y seleccionado de un modo diferente, ¿qué utilidad puede tener? Tomar algunos libros que fueron escritos a partir de otros libros, escribir un nuevo libro, y después ¿qué? ¿Los *goim* entenderían y dejarían de odiarnos? ¿Los judíos entenderían por qué nos odian?

Quisiera intentar una aproximación diferente. Supongamos que nos dediquemos exclusivamente a describir el peligro tal como se nos puede presentar en este momento, en esta época, en las actuales circunstancias. Ni siquiera los diferentes matices de los interminables y cambiantes odios de las distintas sociedades de esta época. Solamente los peligros principales, el odio principal que puede llevar realmente al exterminio.

Cuando la extrema derecha lucha contra sus enemigos naturales, odia por encima de todo al judío. Centraliza el odio en el judío. Ese odio inspira a la extrema derecha, la sublima, le da un vuelo metafísico, romántico. Su enemigo natural es la izquierda, pero su objeto de odio es el judío. En el judío el odio se puede bifurcar en algo más que el peligro marxista.

Dirigido hacia el judío, el odio puede alcanzar dimensiones novedosas, formas originales, colores divertidos. El odio al judío no necesita de ninguna sistematización ni disciplina, ni metodología. Simplemente basta con dejarse llevar, dejar que el odio lo arrastre a uno, lo abrigue, lo acune, despierte su imaginación, sus fobias, sus impotencias y omnipotencias, sus timideces y su impunidad. Cualquiera que sea la magnitud y la diversidad del odio, la extrema derecha puede emplear el odio en su relación con el judío sin alterar su objetivo final de lucha por una sociedad totalitaria de exterminio de la izquierda o de las formas democráticas de vida.

Cuando la extrema izquierda lucha contra sus enemigos naturales puede matizar la rigidez de su anquilosada filosofía política con variaciones actualizadas sobre la conspiración internacional, las influencias exóticas, las alianzas demagógicas y oportunistas. El mesianismo inherente a su análisis del papel que le toca jugar en la sociedad le ofrece en el judío el juego maniqueísta que necesita. Es la historia del Bien y del Mal, la Revolución y la Contrarrevolución, y nada puede equipararse a la velocidad con que el judío puede ser identificado con el Mal. A un joven uzbeko que sueña con poder algún día vestir un jean y ver una película de John Wayne, es más fácil hacerle odiar al judío que al americano. El odio al judío agrega un ingrediente picante y sabroso a la lucha por la Revolución Mundial. Un aura de fuerzas misteriosas que pueden reanimar el miedo y el odio que están insertos en nuestra sique, en nuestra biología. El judío puede servir para esa cuota de odio irracional que todo ser humano necesita, pero que una ideología sistematizada como la extrema izquierda no puede admitir en su relación con la sociedad. Entonces, ¿por qué no dejar la ventana abierta, o alguna rendija, para que ese odio se vaya filtrando? ¿Y contra quién si no contra el judío? ¿Acaso es difícil ubicar al judío como enemigo? El mismo hecho de que la extrema derecha lo quiere utilizar de enemigo suyo, ¿no indica precisamente que hasta en ese terreno el judío juega un papel de confusión, de mistificación, de ocultamiento? Este mismo hecho, ¿no es acaso un aliciente para identificarlo con más claridad, con mayor precisión?

He estado preso en la Argentina en tres cárceles clandestinas y en dos cárceles legales. He podido intercambiar ideas antes de mi arresto, durante mi arresto y después de mi arresto, con prisioneros políticos. Un hecho curioso: los militares o policías que interrogaban en la Argentina tenían hacia los terroristas de izquierda la actitud que se puede tener ante el enemigo. Algunas veces, quizás por el carácter de las personas involucradas, o algún pasajero momento anímico, incluso una relación de adversario a adversario. No les ahorraron a esos prisioneros políticos nada en materia de torturas y asesinatos, pero la relación sicológica era simple: estaban frente al enemigo o frente al adversario. Querían destruirlo, eliminarlo.

A los judíos, querían borrarlos. El interrogatorio a los enemigos era un trabajo; a los judíos, un placer o una maldición. La tortura a un prisionero judío traía siempre un momento de divertimento a las fuerzas de seguridad argentinas, un cierto momento de ocio gozoso. Siempre en algún momento, una broma interrumpía la tarea para dar lugar al placer. Y en los momentos de odio, cuando hay que odiar al enemigo para doblegarlo, el odio al judío era visceral, un estallido, un grito sobrenatural, una conmoción intestina, el ser entero se entregaba al odio. El odio era una expresión más profunda que la aversión que despierta el enemigo, porque expresaba también la necesidad del objeto odiado, el miedo al objeto, la inevitabilidad casi mágica del odio. A un prisionero político se lo podía odiar porque estaba en el otro campo, pero también se podía intentar convencerlo, darlo vuelta, hacerle comprender que está equivocado, hacerle cambiar de bando, hacerlo trabajar para uno. ¿Pero cómo se puede cambiar a un judío? Es el odio eterno, interminable, perfecto, inevitable. Siempre inevitable.

Sin duda alguna que mi madre estaba equivocada. No son los antisemitas quienes tienen que comprender. Somos los judíos.

Estamos en la cárcel militar de Magdalena, en la provincia de Buenos Aires. Me someterán a un Consejo de Guerra presidido por un coronel del Ejército, e integrado por dos oficiales de cada una de las tres armas. Por lo tanto, antes de comparecer, debo permanecer en un penal militar.

En la hora del baño, como estamos incomunicados, nos dejan llegar hasta las duchas solamente de a uno. Pero a veces la guardia se fatiga de tanto control: abrir una celda, llevar al preso hasta la ducha, esperar hasta que se bañe, volver a llevarlo hasta la celda, cerrar la celda, abrir otra celda... Entonces el guardia pasa por la galería, abre todas las celdas, nos indica que nos quedemos aguardando desnudos junto a las puertas, y nos organicemos para ir a las duchas de a uno.

Cuando hace esto, el guardia pasa frente a un anciano judío y le hace una broma sobre su pene circunciso, su pito cortado. El judío sonríe también, y se sonroja. Pareciera pedir perdón. O por lo menos al guardia le parece eso, y le hace un gesto de que no tiene tanta importancia. El viejo me mira, vuelve a sonrojarse, y me parece que trata de explicarme.

Son dos miradas sucesivas, en el mismo instante casi. El guardia supone que le pide perdón. Yo supongo que me pide comprensión. El guardia lo perdona, yo lo comprendo.

He hablado también con presos judíos de las cárceles soviéticas. He leído sus libros de memorias, sus artículos. También ellos han comprobado que los interrogadores comunistas tienen una relación diferente con el enemigo que con el enemigo-judío. El enemigo puede ser convertido; no nació enemigo. El judío nació judío.

También en las cárceles rusas los guardianes, a veces bonachones campesinos bigotudos y barbudos, hacen alguna broma con un preso judío. El preso también siente vergüenza por ése, su carácter inexplicable, por ese lugar inexplicable que ocupa en el mundo y en la realidad.

Si se leen los largos interrogatorios a que fueron sometidos los disidentes judíos en Rusia, se distingue con precisión el momento en que el interrogatorio traspasa el límite de la esperanza. La esperanza es algo que pertenece al interrogador más que al preso. El interrogador parece sentir, siempre, que puede llegar a modificar la voluntad del interrogado. Y el interrogado percibe ese sentimiento en el interrogador. Pero en el caso del interrogatorio a los judíos, hay un momento en que se percibe que el interrogador ha perdido toda esperanza. Y ese momento coincide con el pasaje de los temas políticos generales al tema judío, a la personalidad judía, al papel que la "ideología" judía juega en el interrogado.

Al menos yo percibo esa diferencia cuando leo esos documentos sobre los presos rusos. Y he percibido con claridad cuando el pasaje se producía en el estado de ánimo de mis interrogadores. Al llegar a la temática judía, era imposible abrigar la esperanza de un acuerdo, porque los designios judíos habían nacido con él, sus objetivos en la vida son inmodificables porque están en su misma existencia, no en su convicción política.

¿Es la Argentina un país antisemita? No, ningún país lo es. ¿Pero actúan en la Argentina grupos antisemitas? Sí, como en todos los países. ¿Son violentos? Más violentos que en unos, menos violentos que en otros. ¿Y los militares? Cada vez que llega al poder un gobierno militar, desaparecen los atentados antisemitas típicos de la Argentina (bombas en sinagogas e instituciones judías), ya que un gobierno militar comienza siempre por imponer cierto orden, pero el Judío como ciudadano siente que su situación se altera: los gobiernos militares no designan judíos en puestos públicos, las radios y televisoras estatales, prefieren no contratar judíos, etc., aunque siempre hay algunas designaciones de judíos que sirven como ejemplo ante cualquier posible acusación de antisemitismo.

Todo esto es historia pasada. El gobierno militar que tomó el poder en la Argentina en marzo de 1976 llegó con el más completo arsenal de ideología nazi como parte importante de su estructura. No sería posible determinar si lo era la mayoría o la minoría de las Fuerzas Armadas, pe-

ro es indudable que quien era nazi, o simplemente antisemita, no tenía ninguna necesidad de ocultar o disimular
sus sentimientos, podía actuar como tal. Los servicios de
seguridad podían reprimir a judíos por el hecho de serlo,
maltratar a los prisioneros políticos como tales y por el hecho de ser judíos; los servicios secretos podían montar
procesos, acusaciones en que envolvían a judíos por el
simple hecho de serlo; los jefes de la represión podían tener presos judíos por el solo placer de tener presos judíos
sin necesidad de formular ninguna acusación válida contra ellos.

Este estallido permite una nueva aproximación a la Argentina, pero no la diferencia de otros países o de episodios y hechos históricos ya conocidos: ante un estallido de
violencia antisemita, confesada o disimulada, explícita o
implícita, nadie ayuda a los judíos, y generalmente ni siquiera los mismos judíos se ayudan. Al menos no los del
país donde ocurren las cosas. Permite comprobar una vez
más –como ha ocurrido en otros países–, que ante la violencia irracional, los antisemitas encuentran aliados e indiferentes, pero rara vez opositores, en cantidad suficiente.

De las experiencias que he vivido en los últimos años
en la Argentina, diría que las Fuerzas Armadas y los Sindicatos podrían verse envueltos en una actividad antisemita muy intensa si las condiciones socioeconómicas lo
imponen; que los partidos políticos y la prensa se mostra-
rán indiferentes; que los judíos argentinos seguramente
tratarán de adaptarse a las condiciones sin luchar, aceptando pasivamente la reducción de sus derechos, es decir
la limitación cada vez más restringida del territorio del
ghetto; y que seguramente sólo la Iglesia católica alzará
públicamente su voz y condenará el racismo. Por supuesto, que siempre habrá algunos suicidas que acompañarán
a la Iglesia en esa batalla.

Muchas veces me preguntaron si era concebible un

Holocausto en la Argentina. Bueno, depende de qué se entiende por Holocausto, pero de todos modos nadie hubiera podido contestar afirmativamente esa pregunta en la Alemania de 1937, por ejemplo. Lo que se puede decir es que los últimos acontecimientos en la Argentina han demostrado que si ocurre un proceso antisemita, la discusión sobre qué es antisemitismo y qué es persecución o no llevará más tiempo que la lucha contra el antisemitismo. Lo que es difícil es pronosticar si para ese entonces será tarde o habrá todavía tiempo de salvar algo.

Si quisiéramos formular una ecuación histórica, digamos que las condiciones existen: crisis política profunda, crisis económica con una inflación del 170 por ciento anual durante varios años, impotencia de los partidos políticos para formular una respuesta mínimamente coherente, incapacidad de la comunidad judía de plantearse con crudeza su propia realidad, mentalidad totalitaria en los sectores mayoritarios de la población con una seria tendencia a las fórmulas mesiánicas. Si hasta ahora el estallido antisemita no adquirió mayores características, más extravertidas, es porque el balance de poder en las Fuerzas Armadas estuvo en permanente debate en estos años, y los moderados pesan la repercusión internacional y estiman que les resultará difícil de soportar. Pero quizás el Holocausto se produjo de algún modo, es decir que sus semillas ya fueron plantadas. Depende de lo que se considera antisemitismo. O de lo que se considera Holocausto. No hay cámaras de gas en la Argentina. Y esto deja tranquilas muchas conciencias. Pero en los años 1974-78, la violación de muchachas en las cárceles clandestinas tenía una característica especial: las judías eran violadas dos veces por cada vez que le correspondía a una muchacha no judía.

¿Todo antisemitismo tiene que terminar en jabón? Entonces no hay antisemitismo en la Argentina, y se trata de situaciones coyunturales y casuales, como pretenden los dirigentes de la comunidad judía de la Argentina. Pero ¿puede haber antisemitismo sin jabón?, entonces los dirigentes de la comunidad judía no son diferentes de los *Judenrrat* de los *ghettos* hitlerianos, y el Holocausto tuvo comienzo de ejecución.

Nadie puede predecir lo que ocurrirá con los cuatrocientos mil judíos de la Argentina en el futuro, pero todos saben que algo terrible ha ocurrido en los últimos años en función de dos hechos: ocurrió a fines de la década del 70, no en 1939; nunca había ocurrido nada igual en el mundo occidental desde el fin de la guerra mundial en 1945.

La explicación del gobierno: Los judíos son libres de desarrollar cualquier actividad en la Argentina; pueden salir y entrar en el territorio todas las veces que quieren; no existe ninguna discriminación contra ellos; los episodios de torturas especiales a detenidos judíos o de violaciones especiales a las muchachas judías son aislados, no una política del gobierno; no existen presos por ser judíos.

La explicación de los dirigentes de la comunidad judía: Todo eso es cierto, pero los episodios aislados son más de los que dice el gobierno; algunos judíos fueron arrestados sin que se formulara ninguna acusación contra ellos, ni siquiera acusaciones reservadas que no puedan ser llevadas a juicio; es mejor trabajar en silencio para rescatar todo lo que se pueda, antes que hacer escándalos que puedan irritar a los militares.

Existe una situación curiosa: los judíos argentinos están dispuestos a renunciar a muchos más derechos y respeto de lo que los militares creen; y los militares temen, mucho más de lo que los judíos creen, una autodefensa judía de carácter público. Siempre que sea de carácter público.

Muchas veces me he preguntado si los demócratas creen en la existencia del nazismo. Los lemas, ideología, creencias, mitos del nazismo resultan tan ridículos, que es imposible suponer que los nazis actúan con una racionalidad perfecta, convencidos de su lógica, y construyendo una coherencia propia que entrelaza los hechos y la ideología hasta producir resultados alucinantes.

El gobierno argentino insistió siempre en que no fui arrestado por judío. Ni por periodista. Pero nunca dijo por qué *sí* fui arrestado, los motivos del arresto. Al menos no lo dijo oficialmente, ni formuló ninguna acusación contra mí.

De modo que si yo tuviera que intentar una explicación, al margen de que la existencia de "La Opinión" se le hacía intolerable al sector duro, lo que es sólo una interpretación política, el único elemento concreto de que dispongo, objetivo, palpable, son los largos, interminables interrogatorios a los que fui sometido. A través de esos interrogatorios se puede descubrir qué buscaban y por lo tanto, los motivos del arresto.

Cualquier interrogador totalitario –nazi o comunista– tiene una concepción definitiva sobre el mundo en que vive, sobre la realidad. Cualquier hecho que no conforme esa concepción es suficientemente violentado para que se ajuste en el esquema. Violentado o explicado, juzgado o reconstruido. Quizás por eso, quienes manejan una visión fluida, pluralista de la realidad, pueden creer imposibles algunas de las convicciones que a los totalitarios les resultan naturales y convincentes. Suena ridículo cuando uno lo lee, pero tiene un aspecto mucho más terrible cuando forma parte de un interrogatorio realizado con la ayuda de expertos torturadores.

Suena ridículo leer que quienes me interrogaban deseaban conocer detalles de la entrevista que suponían había mantenido Menajem Begin con la guerrilla izquierdista-peronista Montoneros en Buenos Aires en el año 1976. No resulta igualmente ridículo cuando se es sometido a tortura para contestar esa pregunta. Para cualquiera que conozca algo de Begin, esa entrevista suena irreal. Pero resulta coherente para quien piensa que existe una conspiración judía internacional que utiliza cualquier medio para apoderarse del mundo. La pregunta obedecía, así, a una lógica perfecta:

1) en varios allanamientos realizados por las fuerzas de seguridad en domicilios de Montoneros, se habían encontrado ejemplares del libro de Begin *Rebelión en Tierra Santa* editado en español. Muchos de los párrafos en que Begin describe las actividades terroristas contra los británicos aparecían subrayadas;

2) un manual de instrucción guerrillera encontrado en Buenos Aires aconsejaba la lectura del libro de Begin como fuente de conocimientos para operaciones terroristas;

3) Begin estuvo en Buenos Aires;

4) la entrevista había existido. ¿Dónde?

¿Cómo contestar esa pregunta?

Hace ya varios años que los ideólogos nazis de la Argentina sostienen que existe un plan judío para apoderarse de la zona sur del país, la Patagonia, y crear la República de Andinia. Han aparecido libros y folletos sobre el tema, y es muy difícil convencer a un nazi de que ese plan es, si no absurdo, al menos irrealizable. Por supuesto, deseaban conocer más detalles de los que ya tenían sobre el tema.

Pregunta: Quisiéramos conocer algunos detalles más sobre el Plan Andinia. ¿Cuántas tropas estaría dispuesto el Estado de Israel a enviar?

Respuesta: ¿Pero realmente puede creer en ese plan, en su existencia? ¿Cómo supone que cuatrocientos mil judíos de la Argentina pueden apoderarse de casi un millón de kilómetros cuadrados en el sur del país? ¿Qué harían con eso? ¿Con quiénes lo poblarían? ¿Cómo harían para superar a los veinticinco millones de argentinos, a las Fuerzas Armadas?

Pregunta: Pero Timerman, precisamente eso es lo que le pregunto. Mire, contésteme a lo siguiente. Usted es sionista, pero no fue a Israel. ¿Por qué?

Respuesta: Bueno, es una larga cadena de circunstancias, todas personales, familiares. Situaciones que se fueron creando, encadenando unas a otras, que me hicieron postergar una y otra vez...

Pregunta: Vamos, Timerman, usted es una persona inteligente. Trate de contestar algo mejor. Permítame hacerle una explicación para que podamos entrar en materia. Israel tiene un territorio muy pequeño, y todos los judíos del mundo no caben ahí. Además, está aislada en medio de un mundo árabe. Necesita dinero de todo el mundo y apoyo político en todo el mundo. Por ello ha creado tres centros de poder en el exterior.

Respuesta: ¿Me va a recitar los Protocolos de los Sabios de Zion?

Pregunta: Hasta ahora nadie ha demostrado que no son verdaderos. Pero déjeme continuar. Firmes en esos tres centros de poder, Israel nada tiene que temer. Uno es Estados Unidos, donde el poder judío es evidente. Esto significa dinero y el control político de los países capitalistas. También en el Kremlin tienen una influencia importante.

Respuesta: Creo que más bien lo contrario.

Pregunta: No me interrumpa. El enfrentamiento es todo simulado. El Kremlin sigue dominado por los mismos sectores que hicieron la revolución bolchevique, y en la cual los judíos jugaron el papel principal. Esto significa el control político de los países comunistas. Y el tercer lugar es la Argentina, especialmente el sur, que, bien desarrollado por los judíos con inmigrantes de diversos países de América latina, puede ser un emporio económico, una canasta de alimentos y petróleo, y el camino hacia la Antártida.

Cada sesión duraba doce a catorce horas; los interrogatorios comenzaban inesperadamente, y siempre versaban sobre temas de estas características. Eran preguntas de respuesta imposible, y dentro de mi fatiga y agotamiento, yo a mi vez trataba de que nos embarcáramos en discusiones ideológicas para evitar el trauma de las preguntas directas y las respuestas imposibles.

¿Por qué un director de diario que hizo toda su carrera como periodista político en la Argentina se confesaba abiertamente sionista? Resultaba sospechoso. Todo en mí resultaba sospechoso.

¿Por qué cuando comenzaron a circular versiones de mi posible arresto no me fui del país? Había algo sospechoso. Seguramente me habían dejado atrás para alguna misión.

¿Por qué como periodista político había frecuentado tanto a los militares? Les resultaba sospechoso un hecho natural en un país donde la política se hace fundamentalmente desde los cuarteles.

¿A cuál rama de la conspiración judía pertenecía, a la israelí, la rusa o la norteamericana? Esto era un verdadero dilema ya que había nacido en Rusia, viajaba a Israel y era muy amigo de la Embajada de Estados Unidos.

A toda costa necesitaban que me declarara marxista. Esto llevó muchas horas de interrogatorios y malos tratos, y no podía lograr hacerles entender que había una evidente contradicción entre ser sionista y marxista, tal como ellos entendían el marxismo. Aceptaron finalmente que declarara que era sionista pero que el marxismo me servía como instrumento dialéctico para comprender las contradicciones de la sociedad.

Creo que en los altos niveles del Ejército finalmente admitieron la idea de que marxismo y sionismo eran antinómicos, pero aún no podían entender qué era el sionismo. Cada vez que tocaban el tema, no sabían bien cómo enfocarlo, y les parecía que podía ser uno de los problemas urgentes a resolver una vez concluida la batalla contra la subversión.

Creo que finalmente decidieron archivar el tema apremiados por problemas más urgentes de equilibrio de poder, crisis económica, inflación, y además porque suponen que a través de la incorporación de la enseñanza católica obligatoria, incluso para los judíos, muchas ideologías exóticas como el sionismo quedarán superadas en el marco de la enseñanza escolar.

Pero en aquellos momentos de mi arresto, en 1977, el tema del sionismo los obsesionaba. A veces, fuera del marco del interrogatorio formal, conversaban conmigo a través de la reja de la celda sobre los antecedentes del sionismo, Israel, tratando de acumular datos y tomando notas. Les aconsejé dirigirse a la Agencia Judía para obtener más información de la que yo podía suministrarles de memoria y en las condiciones físicas en que me hallaba. Pero me dijeron que podía resultar muy comprometedor para ellos. Yo pensaba que había hecho una broma, pero el tema era demasiado serio en su opinión, y los tenía realmente obsesionados.

En una oportunidad fui sorpresivamente llevado a la presencia del ministro del Interior. Ese día Patricia Derian, subsecretaria de Estado en Washington para asuntos humanitarios y colaboradora del presidente Carter, había tenido una entrevista con el presidente Videla y mi tema fue presentado por la funcionaria norteamericana con cierta violencia. Preocupado, el ministro del Interior quería ver por sus propios ojos cuál era mi estado de salud. Por cierto que nos conocíamos desde hacía varios años. La conversación fue larga, pero nada trascendente. Un solo punto resulta revelador. Le señalé que me habían informado que sería sometido a un Consejo de Guerra, pero que no me habían dicho los motivos, los cargos. Quería saber si la información era cierta. Me contestó que efectivamente sería sometido al Consejo de Guerra, pero que no debía preocuparme ya que no era un subversivo, y el Consejo de Guerra no me condenaría. ¿Entonces por qué estaba preso?

Ministro: Usted reconoció que era sionista, y esto fue informado en reunión de todos los generales.

Timerman: Pero no está prohibido ser sionista.

Ministro: No, no está prohibido, pero tampoco es una cosa muy clara. Además, usted lo reconoció. Y los generales están en el tema.

Me preocupó seriamente que a tal nivel existiera esa idea, y le hice llegar la noticia al presidente de la comunidad judía. Ya lo sabía, porque el ministro se lo había dicho personalmente. El ministro le había señalado que los sionistas se llevaban de la Argentina "la sangre y el dinero" a Israel. Nunca pude convencer a este dirigente de que abriera públicamente el debate sobre el tema, que hiciera participar a toda la colectividad públicamente, que trajera dirigentes dispuestos a discutir abiertamente con los militares.

Me contestó que la tarea a nivel personal era preferible: aceptaba que los límites del *ghetto* se redujeran un poco más.

En las cárceles clandestinas, me colocaban casi siempre en una celda cerca de la sala de torturas. Esto era especialmente doloroso aun cuando ya habían dejado de torturarme. Una vez escuché los alaridos de una mujer a la que torturaban por judía, y ella insistía en que era católica y su apellido, alemán.

Mucho tiempo después, recordando ese episodio, comprendí que al menos esa mujer tenía una última línea de defensa: podía argumentar que no era judía, ¿pero qué hubiera podido hacer una muchacha judía en su lugar?

El tema judío dominó todos los interrogatorios, todo

mi período de cárcel. Y si bien el gobierno, sus funcionarios, los militares, en mil y una ocasiones, intentaron las más disímiles explicaciones de los motivos de mi arresto, sin formular nunca una acusación concreta, la magnitud del odio irracional que había en esas explicaciones, sin relación alguna con las palabras utilizadas, no podían engañar a un judío: olía a un profundo antisemitismo, y la magnitud de odio se acrecentaba ante la imposibilidad que tenían de expresar ese odio abiertamente y en los términos en que realmente lo sentían.

Tuve tiempo de meditar sobre todo este trasfondo de la realidad judía. Pero no porque me preocupara el antisemitismo, sino porque era evidente que el judaísmo argentino así como el mundial no parecían capaces de responder a una agresión de este nivel en el mismo momento en que la agresión se producía, con la misma rapidez con que el judaísmo era atacado. Mi hijo menor estaba precisamente estudiando el tema del antisemitismo en la Universidad Hebrea de Jerusalem, y le escribí, ya cuando estaba en arresto domiciliario, que creía que ningún sociólogo, político o filósofo podría determinar cuándo el antisemitismo desaparecería de la tierra; le dije que nuestra tarea no era convencer a los antisemitas ni exterminarlos, sino evitar que los antisemitas nos destruyeran.

Por ello, cuando comprobé que los dirigentes judíos de la Argentina no enfocarían el tema en su verdadera dimensión, y comencé a conocer los detalles de toda la pasividad judía, durante mucho tiempo sentí un gran asombro. Estaba como pasmado, sin poder entenderlo, y tratando de descubrir alguna clave que se me hubiera escapado. Luego comencé lentamente a envenenarme de odio, de deseos de venganza. Decía que olvidaría a mis torturadores, pero nunca a los dirigentes judíos que aceptaban pacíficamente a los torturadores de judíos. En una visita que me hizo en Buenos Aires durante mi arresto domiciliario el líder israelí Yigal Allon, le dije que las torturas, los shocks eléctricos en los genitales no me habían humillado, pero sí sentía una profunda humillación ante la silenciosa complicidad de los dirigentes judíos. Solía decir que mi cárcel y torturas fueron una tragedia, pero nada más que eso, ya que habiendo ejercido el periodismo que ejercí, la posibilidad de mi arresto o asesinato encuadraba dentro de las reglas de juego. Pero que el pánico de los dirigentes judíos de la Argentina constituía una pesadilla dentro de la tragedia. Y esa pesadilla era la que me angustiaba y desvelaba.

Claro que aún queda la afirmación típica que escuché tantas veces: aun siendo no-judío, me hubieran asesinado a causa del tipo de periodismo que hacía. Quizás. Después de todo Hitler enviaba a los campos de concentración a homosexuales, gitanos, comunistas, judíos, etc. Pero a los judíos los enviaba como judíos. Algo similar ocurrió y ocurre con los Gulags rusos, y basta para ello leer los interrogatorios a que son sometidos los disidentes judíos en la Unión Soviética.

Entonces, ¿qué hacer? Creo que algo quedó demostrado: todo lo que ocurrió puede volver a ocurrir. Y en el caso de la Argentina, la memoria histórica de los judíos funcionó tardíamente, lentamente, y quizás sólo porque hubo el caso de un judío que era conocido internacionalmente. ¿Pero qué hacer con los que aún continúan presos, sin acusación, sin juicio, soportando las amables bromas antisemitas o las furias antisemitas, dependiendo todo del guardián que les toque ese día?

Creo que es mejor no elaborar mucho y volver a las más simples verdades. Nunca pude demostrar a mis interrogadores que Zbigniev Breszinsky no era judío ni jefe de la conspiración judía en América latina, que Sol Linowitz no era su segundo en el mando y yo su representante en la Argentina. Hay cosas indemostrables. Y algo indemostrable, se me ocurre, es probar el derecho de los judíos a existir. Simplemente, lo único que se puede hacer es luchar uno mismo por su derecho a la existencia. En circunstancias determinadas, los grupos antisemitas toman el poder en un país. O ejercen parte del poder. Puede ser que por mucho tiempo o poco tiempo. La Argentina está en esa etapa, y existen todas las condiciones para que sea una etapa larga. Eso es seguro. El otro hecho seguro es que la comunidad judía de la Argentina no se va a defender. Y, finalmente, otro hecho indudable: la comunidad internacional puede intervenir a través de innumerables mecanismos para que todo esto se sepa, especialmente en la Argentina. Sólo el conocimiento público puede cambiar, aunque sea en algo, el curso de estos acontecimientos. Esta cuesta abajo en la marcha de la historia.

Para fortalecer el espíritu judío, muchas veces se recurre a las advertencias sobre el signo trágico que ha acompañado su existencia. Sin embargo, he podido descubrir que lo único que fortalece el espíritu judío es la comprensión y la sensación de la identidad. Ser es más importante que recordar. Creo que el recuerdo de las tragedias judías, que la comunidad judía de la Argentina realiza escrupulosamente en todos los aniversarios, no le ha sido útil para superar la parálisis y el pánico que la envuelven hoy. Los que han podido hacerlo en los últimos difíciles años se basaron y basan en una clara noción de su identidad judía. Y sólo el sionismo puede dar a esta identidad una movilidad, una dinámica política. En diferentes ocasiones desde mi libertad, e incluso durante los interrogatorios, se me ha preguntado cómo me hubieran tratado los terroristas de izquierda –trotskistas o peronistas– de haber tomado el poder. No tengo ninguna duda al respecto: me hubieran fusilado contra el paredón después de un juicio sumario. La acusación: sionista contrarrevolucionario.

Como en tantas otras cosas, también en este tema se complementan, necesitan y concuerdan, los fascismos de izquierda y de derecha.

7

Abren la mirilla de mi celda, y aparece el rostro del cabo de guardia. Sonríe, y tira algo dentro de la celda. "Felicidades, Jacobo."

Es la primera vez que me dirigen la palabra. Hasta ahora, el régimen en este lugar, al cual me trasladaron hace apenas unos días, es muy severo. Cada cambio de guardia, encienden la luz desde afuera y gritan "¿Nombre?". Esto significa que abren la mirilla cuatro veces por día, cada seis horas. También en otras tres oportunidades se dirigen a mí, cuando sirven los tres jarros de líquido caliente que constituyen el almuerzo, desayuno y cena. Abren la mirilla y preguntan: "¿Va a comer?".

Por eso ahora quedo paralizado. La primera reacción que tengo es siempre la misma, cuando se produce un hecho nuevo: ¿qué me ocurrirá ahora? Es cierto, estoy en una cárcel legal, la sede central de la Policía Federal en la ciudad de Buenos Aires. La celda es casi de dos metros de ancho por tres de largo. Además, tiene pozo y no tengo que pedir permiso para mis necesidades fisiológicas, y tiene una canilla de donde sale un agua que se puede beber. También me puedo lavar, pero no tengo jabón ni toalla. Hay una cama de cemento, sin colchón, aunque me prometieron uno cuando llegué. Tengo una frazada, pero entra mucho frío por el agujero en lo alto de la pared, y entonces camino horas para calentarme. Puedo hacer siete pasos si logro enfocar bien la diagonal más larga que se extiende desde el agujero en el suelo hasta el otro extremo de la celda. He llegado a hacer hasta mil recorridos.

Se está mejor, mucho mejor, que en la cárcel clandestina. Pero nadie me habla, no sé qué va a ocurrir, la mirilla está siempre cerrada. Todo está tan inmóvil, a excepción de los ruidos y voces que llegan desde afuera. Cuando aún es oscuridad en la madrugada, se oye un clarín, órdenes de mando, y una formación debajo de mi ventana. Luego los ruidos del lavado de patios, pero también de cacharros de lata. Esto ocurre del lado al que da lo que se podría llamar ventana. Es un agujero, el muro muy ancho con una doble fila de barrotes de hierro. Me subo a la cama para mirar hacia afuera, pero no alcanzo a ver nada por el espesor del muro.

Del lado del pasillo al que da la mirilla también se oyen voces, pero no de mando, son insultos. Hay presos seguramente lavando la galería y el cabo les grita y golpea. Muchas veces oigo presos llorando. Uno de los castigos que aplican a los que no lavan bien es obligarlos a desnudarse, inclinarse con el dedo índice sobre el suelo, y dar vueltas sobre sí mismo arrastrando el dedo sobre el suelo, sin levantarlo. Esto se llama "buscar petróleo". Uno siente que le estallan los riñones. Pero más les divierte que el preso se coloque junto a la pared, y unos cinco fornidos policías hacen un trencito tomándose en fila india cada uno las caderas del otro. Recorren el pasillo haciendo ruidos de locomotora, y tomando velocidad se lanzan con peso muerto sobre el preso aplastándolo contra la pared. Esto se llama "el choque del trencito". Pero cuando están ocupados, simplemente ordenan al preso correr a lo largo del pasillo, que tiene unos cincuenta metros de un extremo al otro, desnudo, diciendo en voz alta frases que le van dictando. Tiene que repetirlas sin cesar hasta que le inventan otras frases: "Mi madre es una puta"... "La puta que me parió"... "Me masturbo"... "Tengo que respetar al cabo de guardia"... "La policía me ama"...

El preso incomunicado envidia todo eso. Quisiera ver algún rostro. Esta necesidad desarrolla en el incomunicado una serie de capacidades. Desde su aislamiento va comprendiendo la arquitectura del mundo exterior, una arquitectura sin rostro que va armando como un rompecabezas; pero es un ciego el que arma ese rompecabezas, un ciego hábil que llega al final de la tarea sin que esa feliz conclusión le traiga alivio alguno, porque de todos modos sigue ciego, sin ver la parte vital. Hay largos silencios que debe ir encadenando a los susurros (una voz que muy quedamente pregunta ¿quién está ahí?, y yo quedamente Timerman y la voz lanza una carcajada, y hay una voz que pregunta lentamente ¿quién está ahí?, y no contesto, y otra vez Timerman y me dice Aguantá), y también hay que encontrar un lugar en el rompecabezas para los gritos, los insultos y las grandes palizas que les dan a los presos, y las bromas a los homosexuales, y todo lo va armando en el rompecabezas, hasta tener una idea de lo que pasa, porque los policías necesitan gritar, se ayudan con los gritos, y tienen orden de sus superiores de gritar siempre para que los presos vivan embotados, y confusos, pero por eso es que todo lo conversan a gritos y uno puede agregar al rompecabezas, al esfuerzo de construir el mundo de afuera, que es el único mundo que puede oponer a la celda, más piezas. El policía que negocia con el homosexual el alquiler de una celda de este pabellón de incomunicados para que reciba por turno a los presos de otro pabellón, el de los contraventores o ladrones que están por sesenta o noventa días, que tienen derecho a disponer de algún dinero para pagar su comida, y que pagarán complacidos esta hora de prostitución de un hombre en una celda en pleno centro de Buenos Aires, este alucinante prostíbulo administrado por la Policía Federal, a la cual Juan Domingo Perón llamó la mejor policía del mundo.

Al rompecabezas se agregan los días de gran limpieza, porque vendrá algún jefe en inspección, entonces desinfectan las celdas, pero los incomunicados no podemos dejarlas y un hombre vestido de blanco abre la puerta y con un tubo lanza humaredas de polvo blanco. Un olor químico me envuelve varios días, pero ya no temo asfixiarme, como ocurrió la primera vez, y también se agregan al rompecabezas los sonidos típicos del domingo porque llaman a gritos a los presos que tienen derecho a visitas, y se escucha la transmisión radial de los encuentros de fútbol, y hay olores a comidas diferentes, seguramente de la guardia, y hay días que se escucha la monótona voz de un servicio religioso.

Y por eso quedo paralizado. Eso que ha caído dentro de mi celda ha destruido el rompecabezas, y es algo que no encaja ni en la desesperación de la celda ni en el esfuerzo por compensar esa desesperación con la laboriosa, lenta, feroz construcción de la arquitectura exterior, la terca obsesión del ciego con su rompecabezas.

Levanto una carta y dos caramelos. La carta, unas breves líneas, es de mi esposa. Es el 20 de mayo de 1977. Hoy cumplimos veintisiete años de casados. Dejo todo sobre la cama, y vuelvo a mi tarea de arquitecto ciego: seguramente logró que alguno de los militares amigos, los que venían con tanta frecuencia a mi casa, o los militares retirados que trabajaron en mi diario, o los militares que pasaron vacaciones en mi casa de la playa... Pero no encaja en la sensibilidad exacerbada de un ciego cuando piensa con los ojos perdidos en el mundo que no conoce. Ningún militar se atrevería hoy a dirigirle la palabra a mi esposa. Es más probable que alguno de los policías que forman la guardia de este pabellón fue a visitarla, y le propuso hacerme llegar algo cuando quisiera por una suma de dinero. Y entonces el arquitecto ciego comienza a reconstruir la escena. Mi casa, la entrada, el timbre de la puerta, el rostro de mi mujer... No, el rostro de mi mujer es insoportable en este lugar.

¡Cómo he maldecido a mi mujer ese día! Cuántas veces me he dicho que no leería la carta, que no comería los caramelos. Después de tantos esfuerzos por no recordar, no amar, no desear, no pensar, toda la trabajada estructura construida por el arquitecto ciego se derrumba sobre su cabeza. Ya estaba comenzando a pertenecer al mundo que me rodea, al que realmente pertenezco, el mundo carcelario en el cual instalo mi corazón, mi sangre, este mundo que ya me ha aceptado, y que aquí es real, se corresponde con las inscripciones en la pared, con el olor de la letrina que es el mismo que despide mi piel, mi ropa, con estos colores grises, estos ruidos de acero y de violencia, estas voces duras o chillonas o histéricas, y a este mundo bien armado, sólido, irreemplazable, sin resquicios, han penetrado una carta y dos caramelos. ¿Por qué me has hecho esto, Risha?

Dice que me daría el cielo con sus estrellas y sus nubes, el aire del mundo, todo su amor, su dulzura, si pudiera. Dice que me besaría con mil besos si pudiera. Pero eso es lo que no entiende, que no puede. Tiro con furia la carta a la letrina, y con la misma furia me meto los dos caramelos en la boca. Pero ya estoy perdido, porque ese sabor está demasiado presente, así como está ya demasiado presente el rostro, casi el olor, de mi mujer, y por la fecha sé que cumplo hoy veintisiete años de matrimonio y que hace cuarenta días que he sido secuestrado.

¿Cómo hace un arquitecto ciego para colocar en su desconocido edificio esa construcción que no ve ni palpa, el rostro de su esposa, el sabor de dos caramelos, el aniversario de su boda? En cualquier lugar que los coloco, la construcción se derrumba. Y entonces vuelvo a sentarme sobre la cama de piedra, y cuando el guardia abre la mirilla para preguntar ¿Nombre?, recién entonces, en que ya pasaron varias horas, hundido bajo los escombros, vuelvo a reconstruir, a atarme al salvavidas de mi realidad. No contesto, y el guardia da un puntapié con su pesada bota contra la puerta de acero: Nombre, hijo de puta.

El arquitecto ciego comienza a trabajar para colocar el significado de ese insulto dentro de su mundo. Ya no necesita recordar. Pienso entonces que pasé la primera prueba seria, más que las torturas, y que sobreviviré. Porque es aquí donde hay que sobrevivir, no en el mundo exterior. Y el principal enemigo no son los shocks eléctricos, sino cuando el mundo exterior se introduce, con sus recuerdos.

Entro en la gran limousine negra, en los asientos de atrás. Llovizna en New York. Hace apenas un mes que salí en libertad. También entra Liv Ullmann. Yo estoy sentado en el largo asiento trasero y ella se ubica en una de las pequeñas sillas que se despliegan y sirven de asiento accesorio. Acabamos de asistir a una conferencia de Elie Wiesel, y nos dirigimos a una reunión de amigos en la residencia de alguien.

Me mira con simpatía, o indiferencia, o quizás un remoto interés. Y yo la miro con odio. Pero soy sereno en mi voz, desapasionado en mis tonos, quizás hasta indiferente. Pero imposible que no le dijera que era la persona, Liv Ullmann, que más daño me había hecho en la cárcel. Le dije casi todo, o menos, o ahora digo menos que antes, o encuentro más que antes. La llamábamos Aullmann, porque se parecía a Aullido o Aúllan, y era lo que hacíamos en nuestras celdas, aullábamos hacia adentro, invirtiendo la biología y los sonidos. Y todo eso ocurrió después de su llegada a la cárcel.

Ella mató al arquitecto ciego, y le reveló toda su miseria, el espanto, le reveló el horror, le trajo los cuervos que debían devorar cada parte de la sangre vital que él había acumulado; lo incitó al odio, la muerte, la locura. No le ahorró ninguno de los matices de su desesperación, le mostró las llagas de sus piernas, disipó la niebla en la cual se había adormecido, despertó cada fragmento de su cerebro paralizado, de su memoria dormida, desplegó ante su único ojo vivo los colores de la fiebre de amar, de los labios de besar, de los pequeños dedos, deditos, dedecillos tiernos de Linn, su hija.

En ese lugar donde la ternura es el enemigo, la bondad es la locura, el recuerdo la lepra que se extiende inapelable, trajo ese dulce rostro suyo mejorado por la fotografía, por la caligrafía renacentista de los tipógrafos, con ojos reales y labios reales, y esa palabra que es absurda para un preso, Changing, y esa relación con su hija precisamente a mí, que tengo tres hijos y me defendí tembloroso contra su recuerdo, esos tres varones a quienes un policía dijo que su padre fue un valiente por la forma en que soportó las torturas.

Le digo esas cosas, y otras, o sólo otras, y quizás ni ésas, y posiblemente no nombro a los que quedaron atrás, que también la odian, en ese coche que atraviesa Manhattan bajo la lluvia, y creo que es octubre o noviembre de 1979, y Liv Ullmann se pone a temblar, y una siquiatra a mi lado solloza, y luego me dice que si necesito ayuda la llame, y muchas veces en el hotel, con la tarjeta blanca sobre mi mesa, he pensado decirle a Erika Padan Freeman cuánto he odiado a esta noruega con fama de sueca, orgullosa de su ternura. Mucho más de lo que le digo ahora, apretujados en el coche de un americano millonario.

Porque creo que no le digo a Liv Ullmann que la odio, sino que me hizo daño su libro. Porque alguien llevó ese libro a mi celda, cuando ya me habían levantado la incomunicación y veía a mi familia todos los días por cinco minutos. Nos autorizaban a recibir libros y diarios, pero no comida, aunque mis hijos se ingeniaban para esconder en los pantalones, medias, mangas de sus sacos, pequeños trozos de chocolate o pastillas o caramelos. Y entonces solamente le digo a Liv Ullmann que en ese desolado lugar donde todo puede ser suplantado de algún modo, con algún subterfugio sicológico, en que a veces hasta la relación con algún torturador tiene algo de encuentro entre dos seres humanos, y que hay matrimonios de hombres que llenan de piedad del uno hacia el otro su encuentro, lo que es irreemplazable es la ternura. No hay ternura por ningún lado, y es imposible crearla con ningún subterfugio. Nadie da ternura y nadie la recibe. Es imposible llegar más allá de la piedad, y es con la piedad que un preso va armando su malla de sentimientos y sensaciones.

El apretón de manos entre dos presos es un acto de piedad, o la manzana que en la hora de recreo que me dieron una vez, caminando por el pasillo, lancé dentro de una celda de un incomunicado porque la mirilla estaba abierta. El jabón prestado, un calzoncillo regalado, es piedad. Escuchar por horas el balbuceo de alguien que fue torturado para que revelara el escondite de un hijo que, en realidad, descubre luego que ya lo habían "desaparecido", es piedad. Interesarse en los proyectos de un arquitecto que pronto, quizás, salga en libertad y mantiene aún indestructibles los ideales de la urbanización, la vivienda social, la creatividad al servicio del grupo vecinal, es piedad.

Pero eso es todo. No hay ternura. Los cinco minutos de la visita familiar están llenos de caricias, de palabras susurradas, de besos a la vista de todos, pero no hay entrega a la ternura, no hay ternura volcada sin límite sobre el otro, no hay ternura derrochada sin temor; hay una pequeña ternura entregada con protocolo para que se sepa que está, porque también hay una biología de la supervivencia, y la borrachera de la ternura es la muerte, la locura, el suicidio.

Y a ese lugar vino ese libro de Liv Ullmann a mofarse de nosotros, con la impúdica omnipotencia de quien puede dar y recibir ternura; con la insolencia de quien puede gozar de la ternura y sufrir con la ternura sin que el placer y el dolor tengan patetismo. Sin arriesgar la vida como la arriesgábamos nosotros cada vez que aparecía la ternura.

¿Qué necesidad tenía de hablarnos a nosotros, los presos, con esa divertida malicia, picardía de muchachuela que describía su relación consigo misma y con su hija? ¡Con esa morosa ternura con que se detenía en paisajes, cuerpos, almas, comidas! Esa ternura que utilizaba como un destornillador para abrir y entrar, abrir y entrar, y todo eso tirado a nuestra cara de presos que sólo podían tratar de construir, con piedad, la propia supervivencia.

Había pensado muchas veces en el suicidio. Descubrí entonces que más que una meditada decisión, era una tentación. Como una sabrosa fruta se mostraba la idea del suicidio, es decir la tentación del suicidio, en situaciones en que sólo la muerte podía despertar alguna sensación de deseo. Pero no se presentaba la ocasión en esas primeras semanas de interrogatorio y torturas.

Con las manos atadas a la espalda y los ojos vendados, el suicidio era lo único que podía compartir conmigo ese largo tiempo inacabable, hecho de tiempo y tiempo, de interrogatorio y tiempo, de tortura y tiempo, de frío y tiempo, de hambre y tiempo, de lágrimas y tiempo. ¿Con qué llenar esos orificios de tiempo si no con la jalea frutal del suicidio? ¿Con qué modificar la rígida estructura interminable del tiempo si no con la inesperada originalidad del suicidio?

Con las manos atadas a la espalda y los ojos vendados, no había posibilidad alguna de suicidio. Me trasladaban de la cárcel clandestina a los interrogatorios, en la Jefatura de Policía de la ciudad de La Plata, vendado, atado y tirado en el suelo del coche, en la parte trasera, cubierto con una manta.

Después de una de las más largas sesiones, quizás unas dieciocho horas, ya era de madrugada cuando salimos de La Plata en dirección a la cárcel clandestina, dos guardias y yo. Estaban agotados, contentos: yo había firmado una declaración en que admitía ser sionista de izquierda. Me sentaron en la parte de atrás, solo, no me vendaron ni ataron, me dieron una manzana. Dijeron que antes de llegar a la cárcel, me taparían con una manta para que no viera el lugar, llamado en su idioma de claves Puesto Vasco. Volaban por la ruta desierta, y yo miraba por la ventanilla, absorto, el camino. Uno de los guardias me pregunta si pienso en alguna locura, mientras el informativo radial anuncia que mi esposa presentó un nuevo recurso de hábeas corpus para averiguar mi paradero. Le digo, sonriendo, que pensaba abrir la puerta y tirarme del auto, pero me dice que no lo intente porque ya está comprobado que no hay tiempo, me agarrará con sus dos manos, y no tendré fuerzas para moverme. Vuelve a sonreír y me dice: "En este coche, Jacobo, diecisiete". También para esos diecisiete rostros debo buscar ahora un lugar en la noche.

Entonces si no es el suicidio, queda la otra tentación, la de la locura. Son las dos únicas tentaciones, más bien diría que las dos únicas emociones fuertes que he tenido en los treinta meses de cárcel y golpes. Digo emociones fuertes porque pueden, con su violencia contenida, imponerse al tiempo. Y el tiempo no es un enemigo fácil.

Ocuparse del suicidio no significa suicidarse, ni decidir si uno habrá de suicidarse. Es introducir en la vida diaria algo que está a la altura de la violencia que lo rodea. Uno logra introducir en la vida diaria un elemento del mismo nivel de violencia que la violencia del otro. Es como vivir de igual a igual con quienes lo tienen prisionero, con quienes lo golpean y martirizan. Compartir consigo mismo una capacidad no inferior, en magnitud, a la capacidad que tiene lo otro de maltratarlo. Ese estado de igualdad en que uno se coloca funciona como un mecanismo de compensación. Está con uno, tiene fuerza para estar con uno, está creado y construido en ese lugar, en esa cárcel, y no tiene ausencia ni recuerdo.

Más que una decisión, o una esperanza, es una ocupación. Su dimensión es tan profunda, biológica, terrible, que su presencia es palpable. No es posible confundirla con ninguna otra sensación, y abre la posibilidad de crear un nivel de destrucción como la destrucción que le infligen a uno a cada momento.

La palabra suicidio no va atada, para ese preso golpeado y torturado, a ninguna otra connotación. Ni a las consecuencias, ni a las posibilidades, ni a los remordimientos, ni a los dolores que creará, o las derrotas que el acto supone. Es simplemente eso, en sí mismo, con un sabor, olor, forma y peso. Y llena el Tiempo del tiempo del preso, y el Espacio de la celda del preso.

Uno puede medir la distancia que lo separa, en la celda, de una pared a otra y meditar sobre si lanzándose con toda fuerza se romperá la cabeza, o puede imaginar si con las uñas habrá de cortar alguna vena. Y todo esto tiene tal violencia en sí, que le transmite al preso-torturado una sensación de capacidad física, de inevitabilidad física. Hay algo de romántica audacia. Una sensación de historia realizada.

Hay orgullo en la idea del posible suicidio. Ésa es la principal tentación ante la permanente humillación a la que lo someten los torturadores.

Pero en algún momento hay que decidirse a abandonar esa idea porque se puede convertir en un subterfugio demasiado evidente. Más bien, se convierte en un subterfugio; uno comprende que no se va a suicidar, siente que una vez más ha sido derrotado. Está humillado, y la humillación es justificada. Su mundo es muy reducido, y nunca se le ocurrirá pensar que no ha dicho nada a los torturadores, y que ha sobrevivido a los torturadores. No son valores utilizables en ese mundo de cucarachas, vómitos ya secos sobre las ropas, trozos de carne semicrudos comidos en el suelo. Mundo en el cual los esfínteres deben soportar el macabro contenido intestinal hasta que la guardia lo autorice a ir a la letrina.

Pero el suicidio sí es un valor utilizable porque está a la altura de las cosas definitivas e irremediables. Y en esa oscuridad de torturas y tinieblas, ¿alguien puede siquiera imaginar que eso que está ahí, donde uno está, no es lo definitivo e irremediable?

Por eso cuando ya no está más el suicidio, con su hermosa imagen de toro embravecido y dispuesto a buscar la verdad del torero; ese suicidio que en la tiniebla de la celda tiene el sabor de la incorruptibilidad sobria y austera de la venganza; cuando ya no está más el suicidio, está la tentación de la locura.

Sí, está la tentación de la locura, pero no es posible manipular con la locura del modo en que se utiliza el suicidio. A la locura hay que esperarla, y pensar que quizás llegue: hay que intentar entregarse, y puede ser que lo envuelva. Esperarla y entregarse, eso es lo terrible. Porque si no llega, la impotencia es definitiva, la humillación más grande que la patada en el trasero dada por algún desconocido sin voz ni rostro, que lo saca a uno de la celda con los ojos vendados, lo hace poner firme contra la pared, le pega una patada en el trasero y, siempre en silencio, lo vuelve a hacer entrar en la celda, delicadamente, con uno de esos gestos, supongo, con que invitan las manos enjoyadas de los cuadros del Greco.

Sí, el castigo en silencio lleva a la tentación de la locura. Pero la locura es inasible, y uno puede esperarla en vano. La esperé una noche entera –creo que era de noche–, después de una larga sesión de tortura. Me trasladaron de Puesto Vasco a otro lugar, para después llevarme a la Jefatura de Policía de La Plata, y volverme a trasladar a Puesto Vasco, para que me confundiera y no supiera que en Puerto Vasco, en la cocina, me aplicaban las torturas.

Entonces esperé esa noche en ese lugar desconocido, en vano, la llegada de la locura. Estuve sentado con los ojos vendados y las manos atadas a la espalda. Cerca, debía ser muy cerca, ataron un perro que ladraba, y cada tanto –¿cada cuánto?– se escuchaban unos suaves pasos, y junto a mi oído daban un golpe con un hierro contra una superficie metálica. El cuerpo se me agitaba en un temblor, unas puntas agudas se incrustaban, alegres de vértigo, en el cerebro.

El perro ladraba enfurecido más que nunca. Protestaba por el estallido metálico, y estaba en su derecho de hacerlo, porque tenía derechos.

La locura no llegaba. Cuando me levantaron la incomunicación, conocí algunos presos en Puesto Vasco. Les dije que creía estar enloqueciendo, y me convencieron de que no era cierto. Aseguraron que simplemente estaba un poco confundido, pero que todo volvería a su lugar. Uno de ellos me dijo: "Don Jacobo, quédese arriba. Eso es lo importante, que no lo manden para abajo. Si se queda arriba, algún día resolverá todo".

Sí, el enemigo era la ternura.

Esperé el manto protector de la locura, pero no llegó.

No logré dominar al hermoso toro del suicidio, no me lancé sobre sus cuernos, no empapé su lomo con mi sangre.

Y me quedé aquí arriba, donde estoy ahora.

8

Una médica es arrastrada por los cabellos, con las manos atadas a la espalda, por la larga galería de un hospital municipal en Buenos Aires. La arrastra un hombre corpulento vestido de civil. En determinado momento, le atan también las piernas, la cubren con una manta, la echan sobre una camilla, y la introducen en un pequeño camión. Unos quince hombres de civil con armas largas realizan el operativo.

Llegaron en tres automóviles, entraron sin identificarse con documento alguno, preguntaron por el lugar donde la médica se dedicaba a su especialidad –siquiatría–, y se la llevaron. Nadie preguntó a ese grupo de hombres quiénes eran ni a quién representaban. Nadie intervino en defensa de la médica. Las autoridades del hospital, el resto de los profesionales, los enfermeros, los enfermos, todos sabían qué estaba ocurriendo.

En los primeros meses de la toma del poder en la Argentina por las Fuerzas Armadas, ningún sector de la población sufrió más la ola de secuestros y desapariciones como los médicos dedicados a la siquiatría.

Los servicios de inteligencia de las Fuerzas Armadas habían llegado a la conclusión de que los siquiatras conocían muchos entretelones de las actividades subversivas de la guerrilla urbana, y que al mismo tiempo había si-

quiatras cuya misión era fortalecer el espíritu de los guerrilleros cuando se sentían deprimidos por las dificultades
de la vida clandestina.

¿Cuál es el mecanismo por el cual un oficial de inteligencia de las Fuerzas Armadas argentinas puede llegar a
la convicción de que si un siquiatra tiene un paciente ligado por alguna vía a la subversión, éste le relatará sus actividades guerrilleras y las de todo su grupo?

El mundo de las Fuerzas Armadas en la Argentina es
una estructura cerrada, clausurada. En su gran mayoría
sus esposas son hermanas o hijas de militares. Casi todos
ellos están emparentados, y cada vez que hay un gobierno militar, los civiles que participan son en su gran mayoría familiares de militares o han dedicado su actividad social a frecuentar militares precisamente pensando en el
momento en que las Fuerzas Armadas tomarán el poder.
En la Argentina, atender a los militares es desde hace cincuenta años una carrera política en sí misma, que rinde
suculentos beneficios en el momento en que se produce
un golpe militar.

Este esquema de vida ha alejado a los militares de las
corrientes más elementales de la vida moderna, y ha ido
creando en ellos una serie de fantasías sobre el significado
verdadero de los elementos científicos, morales, literarios,
religiosos que la humanidad ha ido incorporando a su vida diaria normal en las últimas décadas. La ideología que
motiva a los militares argentinos es más una idea del
mundo que rechazan, que una noción del mundo que quisieran alcanzar. No podrían precisar o dibujar la realidad
que quisieran ver realizada en la Argentina, pero sí pueden rápidamente describir qué es lo que odian. Si se les
preguntara qué es lo que quieren, dirán que un país de-
cente, respetuoso de la vida familiar, patriota. Pero cuando se les pregunta qué es lo que no quieren, se puede entonces comprender la visión que tienen del mundo y las

114

dificultades que enfrentan cuando deben gobernar de acuerdo con esos odios. Por otra parte, como en toda mente totalitaria, los odios se transforman en fantasías, van conformando una visión del mundo de acuerdo con esas fantasías, y esas mismas fantasías los llevan a elaborar las tácticas de su acción.

No puede extrañar entonces que supongan, por ejemplo, que las películas antimilitaristas que Hollywood produjo respecto de Vietnam, forman parte de una ofensiva mundial de los Estados Unidos en el campo de los derechos humanos. Y cuando descubren que alguno de los productores, o actores o directores de una de esas películas es un judío o un hombre de izquierda, les confirma la tesis de la conspiración mundial en la cual ven envueltos a los judíos o a la izquierda.

La obsesión de la mente totalitaria es su necesidad de que el mundo resulte claro y nítido. Cualquier sutileza, o contradicción o complejidad la asusta y confunde, y se le hace insoportable. Trata entonces de superar lo insoportable, por la única vía que tiene en sus manos, la violencia. Será difícil que ejerza la política, la estrategia, la paulatina superación de los conflictos. Tiene al alcance de su mano el monopolio del poder, y lo lanza con toda la violencia que su ansiedad por simplificar la realidad le impone.

Si la presidenta de la Federación Argentina de Sicólogos fue arrastrada por los cabellos por los pasillos del hospital en el cual ejercía su profesión, es porque haberla arrestado para interrogarla sin ejercer sobre ella ninguna violencia, hubiera significado para la mentalidad de un militar argentino admitir la validez de su existencia, la lógica de su existencia, lo que significaría admitir la existencia de otro mundo además del clausurado en el cual vive. Y esto le resulta insoportable.

Formalmente, el gobierno militar argentino impuso estrictos códigos morales en la censura de obras de cine, teatro, literarias. Modificó los cursos universitarios eliminando carreras en Sociología, Filosofía, Sicología. Eliminó la aplicación de técnicas freudianas en los servicios siquiátricos de los hospitales estatales. Impuso la enseñanza de la religión católica, en forma obligatoria, a todos los alumnos de las escuelas secundarias. En sus aspectos formales, todo esto hace suponer una concepción de la realidad de tipo reaccionario o conservador.

Pero, al mismo tiempo, intentó eliminar físicamente a todos los que participaban de algún modo en el mundo que quería modificar. Consideró que no bastaba modificar la enseñanza de la sociología, sino que convenía exterminar físicamente a quienes podían volver a implantar, en alguna Argentina futura, la enseñanza de la sociología moderna. Y a partir de este concepto de exterminio físico como solución final al problema de la concepción del mundo, es que en la Argentina el gobierno de las Fuerzas Armadas eliminó a miles de individuos que no tenían ninguna relación con la subversión pero que formaban parte, o representaban según los militares, ese mundo que se les hacía insoportable, incomprensible, inaccesible y, por lo tanto, constituía el enemigo.

Al convertir el odio en fantasía, la mente totalitaria se ve arrastrada a alucinaciones políticas cuyo alcance puede parecer ridículo a una mente lógica, racionalista, moderna. Sin embargo, esas alucinaciones políticas determinan cursos de acción que pueden llevar a situaciones de violencia inexploradas y aparentemente imposibles en el mundo contemporáneo.

Un mecanismo de estas características produjo en la Argentina de fines de la década del 70 un estallido de violencia gubernamental que parecía imposible después de la locura nazi o de las informaciones que se publicaban en Occidente sobre las alucinaciones políticas en Rusia. Parecía imposible porque reproducía como justificativo los mismos argumentos de Hitler o de Stalin, tipificaba los mismos enemigos, se sentía perseguido por los mismos opositores, elaboraba las mismas fantasías.

En 1979 fue publicada en Moscú una novela de Valentin Pikul sobre los últimos años del reino de los zares en Rusia antes de la Primera Guerra Mundial. Es una obra que incorpora nuevos descubrimientos sobre la vida en la Corte y el papel jugado por Rasputín, especialmente detalles, anécdotas, que no se conocían hasta ahora. Pero lo interesante es que la obra tiene una tesis, y que el autor se considera un historiador y no un novelista. La tesis es que Rasputín, el Zar y la Zarina, así como toda la Corte, eran un juguete de la conspiración sionista y judía que aspiraba a destruir a Rusia.

En la necesidad de que su odio tenga una formulación histórica, moral o ideológica, la mente totalitaria transforma el odio en una fantasía que puede llegar a cualquier conclusión sobre las características del enemigo. Si en la Rusia comunista el judío es un enemigo porque se lo considera cosmopolita, o simpatizante de Israel, o inadaptado a una sociedad socialista, entonces puede también –es decir, *debe* también– ser pasible de todo odio, encerrar toda capacidad de odio. Para una mente totalitaria en la Rusia de hoy, el judío debe ser ubicado como enemigo no sólo del socialismo, sino de todo lo que es ruso, de todo lo que ha sido Rusia, incluso se lo puede acusar de enemigo de los últimos zares de Rusia, aun cuando se celebre con entusiasmo, al mismo tiempo, la destrucción del régimen de los zares.

Este mecanismo de la alucinación política, o el odio transformado en fantasía, es el que permitió al nazismo, con toda "lógica", considerar al arte abstracto enemigo de la Alemania física porque destruía la idea del prototipo físico nazi; o considerar al hombre de izquierda ligado a la conspiración capitalista judía por el marco "antialemán" que el judío otorgaba a la actividad de la izquierda. Estas alucinaciones políticas gobernaban también a las Fuerzas Armadas argentinas, y al mismo tiempo que constituyeron su ideología, le impidieron consolidar una idea de la misión que les había sido reservada. El mundo inaceptable iba determinando las tácticas. Pero si estos mecanismos fueron fáciles de entender en el nazismo, más difíciles pero igualmente detectables en el comunismo, en el caso de la Argentina se unieron dos elementos que impidieron resultara tan discernible: por un lado, la Argentina es un país que no llevó su tesis al nivel internacional; quedó como asunto doméstico de un país cuyo destino no interesaba al mundo. Por otra parte, la Argentina es el país de los eufemismos; y el gobierno ha considerado que nunca debía reconocer que ejercitaba la violencia ni los motivos por los cuales la ejercía.

Muchos periodistas han intentado investigar en la Argentina los motivos que llevaban a esa represión de la siquiatría moderna, o a esa eliminación física de los siquiatras. Pero todas las investigaciones sólo han podido concluir en aproximaciones al tema.

Es cierto que los militares no recurren a la siquiatría moderna cuando en sus familias ocurre algún problema que debería ser tratado por esta rama de la medicina. Generalmente, se recurre a la ayuda de un sacerdote católico, sus consejos al paciente, a la familia, su invocación a la paciencia. Pero esto sólo puede hacer comprender la desconfianza hacia los siquiatras, como es la desconfianza de toda mente totalitaria ante lo desconocido, ante lo que puede pertenecer a un mundo de ideas que no gira en torno a la religión católica como centro.

Lo que posiblemente ha ocurrido, hasta donde fue posible reconstruirlo, es que los servicios de inteligencia descubrieron durante los interrogatorios que algunos terroristas o guerrilleros seguían un tratamiento que generalmente era freudiano, individual o grupal. Profundizando en los interrogatorios, también compilaron y analizaron las respuestas, y llegaron a la conclusión de que los combatientes recurrían a la sicología en busca de soluciones a problemas concretos, o para resolver desestabilizaciones emocionales. En su búsqueda diaria de nuevos elementos de la conspiración mundial contra la Argentina, y en la necesidad de que esa conspiración tuviera una vastedad acorde con sus necesidades de dar forma al odio irracional, no podían tardar en incorporar a la siquiatría a esa conspiración. El papel de la siquiatría estaba programado, concluyeron, por el Comando Sanitario de la guerrilla, y tenía los mismos fundamentos operacionales que los médicos que extraen una bala o curan una herida. Todo el "stress" y los temores de la vida clandestina que afectan al terrorista, son encauzados emocionalmente por los médicos siquiatras. La siquiatría condiciona al terrorista urbano para la lucha clandestina.

Inmediatamente se lanzaron a la búsqueda de esos siquiatras. Y, como ha ocurrido en otros niveles, al encontrar alguno que correspondía a su fantasía, es decir a su descripción, justificaban la tesis que llevó a la muerte a decenas de siquiatras que nunca habían visto un guerrillero en su vida.

Esta centralización de la acción a partir de fobias determinadas, con toda la fuerza de la impunidad, y simplemente haciendo desaparecer los cadáveres una vez interrogados, hizo estragos especialmente entre los siquiatras, sociólogos, periodistas y estudiantes universitarios.

Estas fobias iban conformando la ideología de las Fuerzas Armadas y alimentaban a su vez la táctica operativa con una violencia tal que todos los sectores de la población, con muy escasas excepciones, prefirieron ignorar lo que ocurría, aun cuando de un modo o de otro todo trascendía. Al menos al conocimiento de dirigentes políticos, religiosos, directores de diarios, periodistas políticos. Y preparaban, para la posguerra que seguramente también llegará a la Argentina, una situación idéntica a la Alemania de la posguerra: era difícil encontrar un alemán que admitiera haber sabido de la existencia de los campos de concentración, las cámaras de gas, los hornos crematorios.

La incapacidad de los militares argentinos de formular una ideología más o menos estructurada es la que los arrastra a aceptar generalmente las fobias de los grupos reaccionarios porque les son más afines que los sectores democráticos. Este fenómeno se repitió muchas veces en la vida argentina. Pero al reproducirse el esquema con la cuota de violencia que vivió la Argentina en la última década antes de que las Fuerzas Armadas tomaran el poder en 1976, llevó a los militares a aceptar también las consecuencias finales de esa ideología de los grupos fascistas: el exterminio físico de quien es considerado enemigo. Es decir, la solución final.

La tesis oficial de las Fuerzas Armadas cuando llegaron al gobierno en marzo de 1976 no era compleja: los enemigos eran la subversión y la corrupción pública. Los enemigos parecían, por lo tanto, fáciles de identificar. Y nadie dudaba de que los métodos serían los fijados por la Constitución, cuya amplitud represiva legal resultaba suficiente. Pero los militares encargados de la represión no sólo parecían necesitar un margen adecuado a la solución del problema, sino también una amplitud suficiente para encaminar con impunidad sus fobias, sus fantasías, sus ideas sobre la realidad, su visión del futuro. Sólo el comunismo o el fascismo podían otorgarles una plataforma sólida para establecer en los finales de la década del 70 una violación tan absoluta de lo humano. Lógicamente, eligieron el fascismo. También existen otras alternativas en el mundo contemporáneo, pero no se ajustan a las pautas culturales y políticas, económicas y sociales de la Argentina. La violencia a partir de un liderazgo religioso, como el caso del Ayatollah Khomeini en Irán; o situaciones mezcla de superstición, canibalismo, lucha tribal como los casos de Uganda y el Imperio Central Africano, son inaplicables en un país como la Argentina.

Mientras ejercí la dirección del diario "La Opinión", intenté muchas veces corregir la irracionalidad convertida en ideología de las Fuerzas Armadas encargadas de la represión. Tuve una sola compañía permanente e inalterable en esa difícil batalla: el diario de habla inglesa "Buenos Aires Herald". Esporádicamente, algunos diarios provinciales participaban en ese intento de encauzar el proceso militar argentino dentro de normas constitucionales o jurídicas, o algunas publicaciones católicas, como la revista "Criterio". Esta actividad lograba en algunos casos salvar alguna vida, pero nunca logró realmente modificar el curso de los acontecimientos. Casi un año antes de mi detención, ya sabía que los militares se habían resignado a aceptar, en el marco de largos debates que tuvieron, la existencia del diario inglés, pero que habían decidido crear las condiciones para eliminar "La Opinión". Yo fui detenido en abril de 1977 y "La Opinión" confiscada, y el director del "Buenos Aires Herald" fue obligado, mediante una campaña de amenazas, a abandonar la Argentina en diciembre de 1979, aunque no lograron silenciar su diario.

Para hacer más efectiva nuestra tarea, muchas veces intentamos en "La Opinión" tratar de objetivar la ideología de las Fuerzas Armadas, pero siempre nos fue imposible. Resultaba claro que odiaban a Carlos Marx, al Che Guevara, a Sigmund Freud, a Theodor Herzl. Pero resultaba difícil comprender que odiaran al sionismo más que al comunismo, y que consideraran a Israel un enemigo más peligroso que Rusia.

Si uno discutía el tema con alguno de esos militares, en privado, podía más o menos obtener una explicación. El comunismo era más visible que el sionismo, por eso más fácil de identificar, y por lo tanto menos peligroso, aunque las dos ideologías, en última instancia, estaban destinadas a destruir la nacionalidad. Pero a partir de este enunciado, lo que resultaba más difícil de comprender era el caudal de violencia que ejercían para eliminar estos dos enemigos, violencia que escapaba a todas las pautas actuales de represión por parte de un gobierno en cualquier país medianamente civilizado.

Uno podía escuchar sus argumentos contra Freud y el freudismo, calificados como los enemigos principales de la vida familiar cristiana, como la escuela que coloca el sexo en el centro de la vida familiar, y estimar que esos argumentos eran anticuados, anticientíficos, obsoletos. ¿Pero cuál era el mecanismo que a partir de esos conceptos llevaba a secuestrar al director de la revista "Padres", una publicación que se dedicaba a la divulgación de las formas modernas en que debe basarse la relación entre padres e hijos, y condenarlo a muerte? La campaña que desarrollé en mi diario para salvar a este periodista determinó que le perdonaran la vida, pero sólo cuando prometió interrumpir la publicación de la revista y abandonar el país. Desde el exterior, me envió por emisario secreto un mensaje: "Dijeron que yo me salvaba por su campaña, pero que usted no se salvaría".

Cuando estuve en la cárcel clandestina conocida como Puesto Vasco, uno de los interrogadores me preguntó si conocía a ese periodista. Estaba orgulloso de haberlo torturado. Hablaba libremente porque sabía que gozaba de impunidad, estaba convencido de su misión, y no dudaba de que la historia lo justificaría. Se repetía la ecuación sicológica e ideológica que animaba a los oficiales nazis en los campos de concentración.

Hasta el ser más irracional encuentra necesario elaborar una cierta coherencia en torno a su irracionalidad para poder mantener su continuidad. Todo este mundo de odios y fantasías llevó a los militares argentinos a sintetizar su acción en un concepto básico: la tercera guerra mundial había comenzado, el enemigo era el terrorismo de izquierda, y la Argentina era el primer campo de batalla que había sido elegido por el enemigo.

Lógicamente, esto simplificaba todo. La violencia de la represión era necesaria porque la Argentina había sido elegida como objetivo. La represión sería menor si el mundo comprendiera el papel de vanguardia que jugaba la Argentina, pero el mundo no entendía, y algunas democracias, así como el Vaticano, planteaban constantemente el problema de la violación a los derechos humanos. Más aún, la prensa occidental publicaba informaciones sobre estas violaciones. Esto volvió a ser explicado con el mismo mecanismo: se trataba de una campaña antiargentina. De modo que ya teníamos coherencia donde sólo parecía existir una reencarnación de las fobias nazis:

1) la tercera guerra mundial había estallado;

2) la tercera guerra mundial no enfrentaba a las democracias y el comunismo, sino a todo el mundo y el terrorismo de izquierda. Esto permitía mantener relaciones diplomáticas con los países comunistas, y aceptar a Rusia como el principal asociado del comercio exterior argentino;

3) la Argentina había sido elegida como el campo de batalla de la primera fase de la tercera guerra mundial;

4) la Argentina estaba sola, y no era comprendida por quienes debieran ser sus aliados naturales, las democracias occidentales. Por ello, había sido desatada la campaña antiargentina.

Todas las semanas, en las cárceles clandestinas en las cuales estuve preso, se dictaban cursos sobre la tercera guerra mundial. Esas sesiones se titulaban la "Academia".

Generalmente las dictaba un oficial de inteligencia del Ejército, con la asistencia obligatoria de todo el personal de torturadores, interrogadores, secuestradores.

En esas sesiones muchas veces analizaban el contenido de la información de los diarios, y siempre concluían en algo que, quizás ellos no lo sabían, ya habían concluido los miembros del partido Nazi en los primeros años de esta organización: que la corrupta democracia occidental no era capaz de enfrentar el avance del comunismo, que Europa sería roja, y que sólo los pechos nazis podían contener el dominio comunista.

Después de algunas de esas sesiones, mis guardianes se tentaban con la posibilidad de conversar con uno de los principales ejecutores de ese plan macabro destinado a aniquilar a la Argentina que acababan de analizar en alguno de sus aspectos. Venían entonces hasta la puerta de mi celda, y a veces por la rendija, o abriendo la puerta, me hacían preguntas que debían confirmar lo que se les acababa de enseñar. Una vez se les habló del lobby judío en Estados Unidos. Tuve que enseñarles a escribir "lobby" en inglés. Otra vez se les habló del Primer Congreso Sionista en Basilea, y querían saber cuándo se había decidido tener dos Estados sionistas, uno en Israel y uno en Uganda, y por qué después se había abandonado la idea de Uganda para elegir a la Argentina.

Otro día la reunión de la Academia se puso peligrosa. El cazador de nazis, Wiesenthal, había divulgado la existencia de un importante criminal de guerra en la Argentina, y Alemania había pedido la extradición. El gobierno argentino, siempre deseoso de demostrar públicamente que no era antisemita –aunque no prohibía la violencia antisemita de las fuerzas de seguridad–, otorgó la extradición del súbdito alemán, pero antes lo dejó escapar a Paraguay. Los asistentes a la Academia en la cárcel clandestina donde yo estaba consideraron que se había producido una verdadera traición a su Revolución Nacional. Pasaron todos a mi lado sin dirigirme la palabra, pero por la noche me esposaron las dos manos a los barrotes de la cama, y ahí me dejaron por veinticuatro horas, cosa que ya hacía un tiempo que habían dejado de hacer.

La ideología del gobierno de las Fuerzas Armadas, ¿cuál era? Había que buscarla en su actividad, en su represión, en el mundo que odiaba. Pero difícilmente se la podía encontrar en sus declaraciones públicas, cuyas tesis estaban impregnadas de eufemismos o afirmaciones protocolares: contra la corrupción oficial, contra la subversión, por una verdadera democracia.

No había nazismo. No había desaparecidos. No había juicios secretos. No había pena de muerte.

Odio e ignorancia. Lo que no se entiende, se destruye. En su último libro, inconcluso a causa de su muerte, el escritor americano Dalton Trumbo hace decir al personaje central, miembro de las SS, respecto de los judíos: "No comprendo a esa gente; y, porque no los comprendo, los mato".

Cuando escribía el libro, Dalton Trumbo confió a un amigo: "Lo que busco aprehender, el diablo que trato de atrapar, es el oscuro apetito de poder que todos tenemos, la perversión del amor que es la consecuencia inevitable del poder, las delicias de la perversión cuando el poder se hace absoluto, y la espantosa convicción de que en una época en que la ciencia se ha convertido en esclava de la política hecha teología, todo eso puede volver a ocurrir".

9

Hace un mes que estoy en una celda del Instituto Penal de las Fuerzas Armadas, a unos ochenta kilómetros de la ciudad de Buenos Aires, en la localidad de Magdalena.

El régimen militar es estricto. Estoy incomunicado en una celda, y una vez por día hay un recreo de una hora. Puedo caminar en un patio, pero no conversar con los otros presos. Cuando llueve, no hay recreo. Es invierno, y de los tres oficiales que controlan este pabellón, hay uno que en su guardia autoriza el recreo muy temprano por la mañana para que no podamos gozar del sol, que llega al patio hacia las once. Recibo visitas los sábados y domingos, únicamente de mis familiares directos. Tres veces por semana puedo tomar un baño caliente, y se sirven comidas cuatro veces por día.

Como siempre, el problema es el inodoro. Esta celda no tiene, y debo golpear en la puerta cada vez que tengo necesidad. Y las necesidades no están condicionadas a la parsimonia de la guardia.

Todo es correcto. Puedo leer diarios en español, pero no el diario inglés que se edita en Buenos Aires y se vende legalmente en los puestos callejeros. La explicación oficial de la guardia es que toda publicación debe pasar por la censura, y el censor no lee inglés. Le digo que si hubiera algo inconveniente, el gobierno no autorizaría la publicación

126

del diario. No está autorizado a llevar el diálogo tan lejos.

Estoy en el penal militar porque seré sometido a un Consejo de Guerra especial, y por lo tanto debo pasar una temporada de aislamiento en esta institución. Se acerca el Año Nuevo judío y el Día del Perdón, y mi esposa solicita permiso al tribunal militar para que un Rabino me visite; oficialmente existe libertad de cultos en la Argentina. No recibe respuesta al pedido, pero esos dos días el sacerdote católico del penal me visita en mi celda para hacerme compañía.

El gobierno modifica el Código de Justicia Militar antes de que el juicio se inicie, es decir que cambia las reglas de juego después de haber decidido someterme al tribunal militar. Hasta este momento cualquier acusado podía designar abogado defensor a un militar, en actividad o retirado, de cualquier graduación. El retirado, cuya carrera ya ha concluido, tiene más libertad de acción, no espera ascensos. Esta cláusula se modifica. Además, debe ser un oficial inferior en rango al presidente del tribunal militar. El presidente del Consejo de Guerra que me juzgará es el coronel Clodoveo Battesti, por lo tanto mi abogado defensor debe ser un grado inferior a coronel. Por último, debo seleccionarlo de una lista que el Consejo de Guerra me somete. No conozco a nadie de la lista, de modo que elijo al azar.

Mi intención era designar abogado defensor a un general, amigo personal, que fue presidente de la Nación, y que estoy seguro no hubiera podido ser atemorizado con amenazas. Me debo conformar con un oficial joven, a quien no conozco, que está en actividad y debe aspirar seguramente a nuevos ascensos, y que está acostumbrado a recibir órdenes secretas si fuera necesario. De todos modos, para que no queden dudas, cuando me entrevista en el penal militar me informa que esta misión es un acto de servicio. Es claro: de poder elegir, no aceptaría. De todos modos, se prepara concienzudamente para la tarea de defenderme. Sobre las torturas a que fui sometido, y que le relato, me consuela: son errores que se cometen en el curso de una investigación muy difícil. Sin embargo, tengo la impresión de que intelectualmente le atrae el tema, y que luchará por defenderme hasta el límite de la prudencia que dicta "un acto de servicio". Al menos, percibo que quiere entender todo el aspecto profesional de la función de periodista. No me hago ilusiones sobre el aspecto político o el ensañamiento criminal a que fui sometido durante los interrogatorios.

Quienes cuatro veces por día golpean a mi puerta para entregarme la comida, son presos jóvenes. Desertores. Están condenados a cumplir cárcel entre tres y cinco años. Por las mañanas, en la madrugada, limpian el pabellón, lavan los utensilios de comida, y entonan hermosas canciones religiosas. Son Testigos de Jehová, una secta cristiana cuyos jóvenes se niegan por motivos de conciencia a servir en las Fuerzas Armadas. Si bien en la Argentina la Constitución garantiza la libertad de cultos, las Fuerzas Armadas no aceptan a los objetores de conciencia. De modo que ya de niños saben que al llegar a los dieciocho años deberán servir un prolongado período de cárcel. No se escapan, y aceptan el castigo como parte de su fe religiosa. Son dulces, pacíficos, y realizan todas las tareas y servicios del penal.

Saben que estoy incomunicado, y cuando golpean a mi puerta, y el guardia la abre, siempre encuentran alguna forma de intercambiar un par de palabras. Durante el día, espero esas cuatro oportunidades en que puedo conversar con alguien. Y a la noche, recuerdo las palabras que pronuncian, las cuento, las repito.

El guardia comprende los trucos que utilizan para hablarme. Pero disimula, aunque a veces los apura con una mirada. Me preguntan si tengo plato. ¿Tiene plato?, son dos palabras, y yo contesto Tengo, lo que hace una palabra más. Me dicen que la pizza está un poco fría, y que es preferible la sopa, o agregan que conviene comer pescado porque fortalece la visión, o si quiero más pan, o si quiero barrer la celda, o si me dieron la toalla. He llegado a contar diálogos de hasta doce palabras.

Son empleados, campesinos, obreros, humildes. Me anuncian que por la noche habrá agua caliente, o que pronostican menos frío para mañana. Buscan todas las vías posibles para hacerme comprender que la civilización no ha concluido, que no soy el último mortal encerrado en una celda, y que aún se pueden experimentar la cordialidad, la camaradería, la solidaridad, la amabilidad. A veces tengo chocolate, y el guardia me autoriza a convidarlos.

La sede del Consejo Supremo de las Fuerzas Armadas Argentinas se encuentra ubicada en un antiguo palacete en pleno centro de Buenos Aires, a unos mil metros de la Casa de Gobierno. Pasé la noche incomunicado en la sede central de la Policía Federal en Buenos Aires, y quienes me trasladan en un automóvil –seguido por otros dos– me informan que no seré esposado, aunque cualquier movimiento extraño que realice significará mi sentencia de muerte.

Los militares juegan a los militares, les encanta imaginar la peligrosidad de alguien que no ofrece peligro alguno. Y este tipo de historias se repite una y otra vez durante todo mi cautiverio. Cuando estuve bajo arresto domiciliario en mi departamento, en un piso 15, con frecuencia un helicóptero de la policía daba vueltas sobre el edificio e iluminaba con sus proyectores la habitación donde yo estaba recluido. En cierta ocasión hubo un corte de luz en el edificio, y a los cinco minutos un helicóptero militar se mantuvo sobre el edificio y otro frente a mi habitación, iluminándola. Creían que el ejército de Israel estaba por realizar un Operativo tipo Entebbe para liberarme.

En la sede del Consejo Supremo de las Fuerzas Armadas, donde funciona el Consejo de Guerra Especial número 2 que habrá de interrogarme, se entretienen los militares con todos los atributos del protocolo, y con la mayor imitación de juridicidad que les es posible. Los siete miembros del Tribunal –tres representantes del Ejército, dos de la Marina y dos de la Fuerza Aérea– cuentan desde hace tiempo con copia de mis declaraciones, antecedentes de mi caso, supuestas declaraciones que he tenido que firmar sin haber podido leerlas previamente. De su lectura han concluido, ya hace tiempo, que no podrán acusarme de ningún delito, y que después del interrogatorio al que me someterán ahora decidirán que no existen elementos suficientes para someterme a juicio.

Hasta el momento de llegar al tribunal militar, aún no fui informado en qué se basa mi arresto, los motivos por los cuales fui arrestado, ni siquiera de qué estoy acusado, o si estoy acusado del todo. El tribunal simplemente tendrá que decidir después de tomar conocimiento de todo el caso si me someterá a juicio o no, es decir si existen suficientes cargos para justificar un juicio. Pero como ya sabe por anticipado que esos cargos no existen, dedica el día y medio que destina a mi interrogatorio a dar rienda suelta a su ideología, sus neurosis, sus fantasías, sus odios, sus fobias, e incluso cree encontrar alguna posibilidad de formular preguntas divertidas.

Sí, el protocolo es estricto. Subo las altas escalinatas acompañado por mis guardias, que me tienen tomado de los brazos, con suavidad y firmeza. En lo alto, me recibe un oficial del Ejército, uniformado, acompañado por dos oficiales de menor graduación. Soy invitado, exactamente eso, invitado, a pasar a una pequeña oficina donde debo esperar. Todo es corrección y pulcritud, aunque es posible que esos mismos oficiales que ahora me invitan con un café sean los mismos que en las cárceles clandestinas sonreían cuando los shocks eléctricos me hacían dar saltos en el aire, y yo tenía los ojos vendados.

El mismo oficial me acompaña hasta la sala del tribunal militar, donde funcionará el Consejo de Guerra Especial número 2. Un inmenso salón de unos diez metros de ancho por veinticinco metros de largo. Oscuro, sin ventanales, antiguo, las paredes cubiertas por enormes cuadros representando las grandes batallas de la independencia argentina o la conquista del desierto sur y la guerra contra los indios. *Boiserie* oscura, cortinados rojos. Altos techos. Ordenan que tome asiento en un pequeño banquillo rojo redondo, sin respaldo, de unos cincuenta centímetros de alto. El famoso, verdadero banquillo de los acusados. Estoy en un extremo del enorme salón. En el otro extremo, sobre un alto estrado, la mesa en medialuna del tribunal militar.

A uno de mis costados, un oficial del Ejército: el fiscal. En el otro costado, a mi derecha, el abogado defensor, también oficial del Ejército. Intervendrá únicamente si se formula alguna acusación, es decir si el tribunal decide que hay lugar a un juicio. Junto a mí, a un costado, una pequeña mesa con micrófonos. A mis espaldas, dos oficiales jóvenes de la Marina oficiarán de taquígrafos.

A una orden, nos ponemos todos de pie, y entran los miembros del tribunal por una puerta lateral; caminan lentamente, erguidos, paso firme, de uniforme, con las gorras puestas, suben al estrado, se quedan parados frente a sus sillones, el presidente del tribunal ordena sentarse, nos sentamos todos. Siguen con las gorras puestas. La escenografía es impresionante. El clima está lleno de tensión. Nos mantenemos todos serios y en silencio.

El secretario del Tribunal, un oficial del Ejército, da lectura a mis datos. Me preguntan si son correctos. Contesto afirmativamente. Sólo puede hablar el presidente del Tribunal; los otros miembros le hacen llegar en pequeñas hojas escritas las preguntas que desean formularme. Cada cuarenta minutos aproximadamente, el presidente interrumpe las sesiones, y ordena un descanso de unos cinco minutos. En total, las sesiones insumen unas catorce horas divididas en dos días consecutivos. A cada interrupción se repite toda la ceremonia: todos nos ponemos de pie, los miembros del tribunal se retiran; todos nos ponemos de pie, los miembros del tribunal entran. El presidente pregunta: ¿Usted es judío? Respuesta: Sí, señor Presidente.

Un mundo de tribunales. Y un mundo de acusados. Tribunales civiles, militares, religiosos, todo ha sido juzgado, es juzgado y será juzgado. Y siempre, a través de la historia y del presente, he estado entre los acusados. Nunca juzgué a nadie, y nunca juzgaré.

¿En qué momento he asumido tanta culpa? ¿O quizás no la he asumido más que cuando me han señalado que era culpable? Entonces, ¿es un rol que me ha sido adjudicado, y mi orgullo me ha hecho asumir ese rol de pecador, o criminal, o simplemente culpable, para convertirlo en una virtud? ¿He asumido la culpa sólo por la posibilidad, o la vocación, de convertirla en una virtud? ¿Es omnipotencia? ¿Es pecado de vanidad? ¿O es la tentación del delirio, el convertir al Mal en la dinámica que lleva al Bien, la exacerbación del Mal como la posibilidad más inmediata del Bien?

Sumando todas las víctimas y todos los victimarios es un porcentaje tan pequeño de la población mundial. ¿A qué se dedican los otros? Las víctimas y los victimarios, somos parte de una misma humanidad, colegas en un mismo esfuerzo por demostrar la existencia de las ideologías, los sentimientos, los heroísmos, las religiones, las obsesiones. Y el resto de la humanidad, la gran mayoría, ¿a qué se dedica?

En ese día de setiembre de 1977, ¿cuántos estamos sentados en todo el mundo en algún banquillo de acusados? ¿Cuántos son juzgados por lo que hicieron? ¿Cuántos son juzgados por haber nacido? Hace treinta y dos años y cuatro meses que ha concluido la guerra contra el nazismo, los criminales nazis han sido juzgados y condenados, el antisemitismo ha sido definido, explicitado, ubicado y maldecido. Y sin embargo, esos mismos treinta y dos años y cuatro meses después, en la ciudad de Buenos Aires, sigo siendo un ciudadano bajo toda sospecha; queda evidenciado que he nacido en el costado inadecuado y absurdo de la humanidad; me he ocupado, por nacimiento y torpeza, o quizás por inclinación natural, a las perfidias que fueron juzgadas y en las cuales yo reincido. ¿Pero fueron juzgadas por quién, y cuándo? ¿En qué lugar remoto de España, de Alemania, de Francia, de Polonia, de Rusia, de Siria? En países diferentes, en épocas diferentes y superpuestas, y en países que se repiten, y en tiempos que se reiteran, con acusaciones que se acumulan o se repiten, para volver todo, siempre, a un mismo lugar que es mío y sin embargo inaceptable porque es insoportable: he nacido judío.

Y sin embargo, no he nacido sionista. Es lo que se une a la sospecha inicial del nacimiento.

Pero tampoco he nacido disidente. Una derivación inevitable del nacimiento.

Como tampoco he nacido joven de izquierda, solidario con los presos, activista de las ligas por los derechos del hombre. Consecuencias biológicas del pecado original, del nacimiento de quien nació judío.

Y sin embargo hay alguien que en estos momentos está sentado en un banquillo rojo, sin respaldo, de cincuenta centímetros de alto, en Cuba, y no es judío. Lo que se hace insoportable es que puede no haber otros, que no existe el otro. Y por lo tanto quizás también se tiene la suerte de que en una silla, si no es en un banquillo, frente a una mesa común, si no es en un escenario, está sentado alguien en Checoslovaquia, y no es judío, con lo cual es el otro quien logra que mi destino no resulte tan inapelable.

En este universo de tribunales y acusados, meto la mano profundamente en busca de ese alivio que el otro debiera concederme si es que realmente pertenecemos a ese pequeño grupo inmenso de víctimas, pero una vez más encuentro consuelo pero no identidad. Encuentro el consuelo de la solidaridad, pero no el de la inevitabilidad, porque somos solidarios en el mundo al cual aspiramos, pero su culpa no es inevitable, y siempre le faltará una culpa para alcanzarme. Y si no puede alcanzarme, estoy con él pero él no está conmigo. Él está conmigo, pero no en toda la plenitud de mi culpa, y si poseo toda su totalidad, él sólo posee una parte de mi culpa, y siempre habrá un lugar donde estaré solo, totalmente solo frente a mis jueces, que también son sus jueces y ante los cuales yo lo acompaño, pero él de pronto me deja solo, en esa soledad tan inusitada, inevitable, incomparable, tenebrosa y hermosa, que comienza siempre con el mismo ritual: "¿Usted es judío?".

* * *

–¿Usted es judío?
–Sí, señor presidente.
–Sus socios, ¿son o eran judíos?
–Sí, señor presidente.
–¿Usted es sionista?
–Sí, señor presidente.
–¿Sus socios también son sionistas?

–No, señor presidente.

–¿Cuándo comenzó sus actividades sionistas?

–A la edad de ocho años, señor presidente. Mi madre me inscribió en un club deportivo llamado Macabi.

–¿Lo llevó su madre o fue solo?

–Me llevó mi madre, señor presidente.

–Por lo tanto podría admitirse que no fue un acto voluntario suyo.

–Fui llevado por mi madre, señor presidente.

–¿Cómo continuaron esas actividades sionistas?

–Mientras asistía a la escuela secundaria fui invitado a participar en una agrupación estudiantil sionista llamada Avuca. Tenía catorce años.

–¿"Avuca" quiere decir "Antorcha"?

–Sí, señor presidente.

–¿Quiere decir que podríamos admitir que a los catorce años usted comenzó voluntariamente sus actividades sionistas en la Argentina?

–Sí, señor presidente.

–¿Qué hacía?

–Nos reuníamos los sábados, señor presidente, en los sótanos de la Federación Sionista Argentina. Teníamos una biblioteca, una mesa de ping-pong y varios juegos de ajedrez. Éramos todos estudiantes secundarios judíos.

–¿Recibían adoctrinamiento?

–Todos los sábados algún miembro del Ateneo Sionista Universitario, que funcionaba en los pisos superiores, nos ofrecía una charla sobre sionismo o historia judía.

* * *

Yo tenía catorce años, por las mañanas concurría a la escuela y por las tardes trabajaba de mensajero en una joyería. Vivíamos en pleno barrio judío, y mi padre había fallecido hacía dos años. Mi madre trabajaba de vendedora ambulante, mi hermano estudiaba y ayudaba a mi madre. Los sábados aún se debía concurrir al colegio por las mañanas, pero por las tardes la joyería estaba cerrada. Después del almuerzo, me correspondía lavar la vajilla, las ollas, planchar mis camisas y lavar la escalera de la casa. Por atender la administración de ese pequeño inquilinato del barrio judío donde cada familia ocupaba una habitación, nosotros disponíamos de una habitación gratis. Pero había que lavar baños, pasillos, escaleras, y hacer la cobranza de los alquileres. Por el lavado de las escaleras mi madre me pagaba con los diez céntimos que costaba un chocolate, y me instruía para que lo comprara poco antes que concluyeran las actividades en Avuca, con lo cual podía guardarle un trozo. En invierno debía apresurarme para alcanzar a llegar a la casa de baños de la Municipalidad, donde había agua caliente, regresar y vestirme a tiempo para no perder ninguna de las actividades de Avuca.

El ping-pong y el ajedrez eran novedades. El sionismo y la historia judía, verdaderos descubrimientos. Pero el conocimiento de adolescentes judíos que no trabajaban, que eran de fortuna, que vestían traje completo, que disponían de dinero, fue un deslumbramiento.

Había también jóvenes de dieciséis y diecisiete años. Y ellos se encargaron de que mi niñez concluyera abruptamente, lanzándome de lleno al mundo que ya nunca abandoné. Había que dejar Emilio Salgari y Alejandro Dumas, para leer Jack London, Upton Sinclair, John Dos Passos, Henri Barbusse, Erich Maria Remarque. El 1° de mayo había que acompañar a la gran manifestación socialista por la defensa de Madrid, y llevar muy erguida la bandera azul y blanca con la estrella de David en ese mar de banderas rojas. Había que explicar, en ese año de 1937, que el sionismo era un movimiento de liberación nacional, y que actuar dentro del sionismo no restaba fuerzas a la lucha internacional contra el fascismo, contra Franco, Hitler y Mussolini. Había que recorrer, en pequeños grupos, las calles del barrio judío, el Once, donde vivíamos y donde se encontraba nuestra sede, y vigilar que los grupos fascistas y antisemitas no ensuciaran las paredes de las sinagogas, de las escuelas, no escribieran "Haga patria, mate un judío", o no improvisaran pequeñas tribunas donde frente a los cafés judíos lanzaban sus arengas contra los mismos judíos. Ahí estábamos nosotros, con nuestras pesadas paletas de ping-pong, de madera en esa época, y nos lanzábamos contra los fascistas hasta que dos o tres policías, aburridos, nos separaban y se llevaban a uno o dos jóvenes judíos a la comisaría cercana.

Me recuerdo aún, a los catorce años, frente a esa comisaría, llorando porque hacía dos horas que mi hermano había sido introducido de un puntapié, después de una de esas peleas, y recuerdo a mi madre ahí mismo, llamada por los amigos, explicando en su precario idioma que su Iósele sólo quería evitar que golpearan a los judíos, y que ella estaba segura de que el comisario era un buen cristiano que no quería peleas en el barrio, hasta el cual habían llegado los juliganes, que no eran de ese barrio.

Ahí, a Avuca, cuando yo ya tenía quince años, llegaron dos hermosos jóvenes que nunca habíamos visto, hermosos en su camisa blanca con bolsillos militares y un pañuelo azul al cuello, a decirnos que eran los *scouts* judíos, pero que también eran sionistas socialistas, y que debíamos aprender *scoutismo* para volver a conocer a la tierra de la cual tantos centenares de años atrás nos habían separado, y el sionismo porque debíamos volver a la tierra, sí, pero a la de Israel, que era la nuestra, y socialismo porque el país que queríamos construir debía ser la síntesis de los sueños de los profetas pasados y presentes, es decir el socialismo humanista. Ahí estaban esos dos hermosos jóvenes del Hashomer Hatzair de la Argentina, y ahí en Avuca, en esa noche memorable en que los escuché hablar, quedé destinado a ese mundo del cual nunca salí, nunca quise salir, y que a veces tomó la forma del sionismo, a veces de la lucha por los derechos humanos, a veces del combate por la libertad de expresión; por la solidaridad, otras veces, con los disidentes de todos los totalitarismos. Y ese mundo único en su belleza y martirologio, esa mitología del dolor y el recuerdo, esa cosmovisión hecha de añoranza y futuro, esa madre judía hecha de esperanza y resignación y magia, todo eso quería comprender el presidente del tribunal militar argentino, el titular del Consejo de Guerra especial número 2, el coronel Clodoveo Battesti.

Quería que confesara. Que toda esa abrumadora vocación de amor y destino, de identidad y futuro, se convirtiera en una confesión.

–¿Usted abandonó el sionismo en algún momento?

–No, señor presidente.

–Sin embargo, aquí consta un informe policial según el cual usted estuvo preso en el año 1944 por pertenecer a un organismo paralelo del Partido Comunista.

–En el año 1944 fui arrestado, señor presidente, cuando asistía a un festival de cine de la Liga Argentina por los Derechos del Hombre. Estuve preso veinticuatro horas porque quedó evidenciado que no actuaba en esa organización, a la cual la policía consideraba comunista.

–Usted pertenecía por esa época a la Junta Juvenil por la Libertad, que también estaba catalogada como organización paralela del Partido Comunista.

–Efectivamente, señor presidente, pertenecí a esa organización que agrupaba a jóvenes partidarios del triunfo de los aliados durante la segunda guerra. Se difundía información sobre la lucha de Gran Bretaña, China, Estados Unidos, Rusia y Francia, sin realizar discriminaciones a favor de ninguno de los países. Asimismo se realizaban colectas para la compra de medicamentos, que se enviaban a los países aliados. ¿A cuál otra organización podía pertenecer, señor presidente?

—Yo no pertenecí a esa organización.

—¿Se supone, señor presidente, que un joven judío en el año 1944 debía luchar por el triunfo de los nazis?

—Esa organización fue disuelta por la policía por considerarla comunista.

—Esa calificación, señor presidente, corre por cuenta de la policía. Yo actuaba ahí como antifascista, como judío y como sionista. Creo, señor presidente, que debiera explicar al tribunal qué es el sionismo dado el interés que evidentemente demuestra por mi relación con el sionismo.

—Sabemos muy bien qué es el sionismo. Limítese a contestar las preguntas.

En el año 1939 no teníamos radio, pero cuando en la madrugada sonaron las sirenas de los grandes diarios, en Buenos Aires, mi madre salió apresurada a la calle y volvió con la noticia de que Francia e Inglaterra habían declarado la guerra a Hitler. Estaba radiante. En un mes lo derrotarán, nuestros hermanos serán vengados.

En 1940 y 1941 comenzaron a llegar a la Argentina, viajando en círculos, en pequeños grupos, desde el Lejano Oriente, o desde el norte, o desde África, veteranos de la guerra española. No podía separarme de los bares donde se reunían, hacían sus tertulias, vivían su bohemia, su posguerra tan única, tan romántica. Por primera vez oía hablar de la traición de las democracias, por hombres que habían querido pelear contra el fascismo. Oí hablar de las intrigas de los rusos, de la masacre de trotskistas y anarquistas, del verdadero nombre de nombres que se me habían hecho legendarios cuando los jóvenes del Hashomer Hatzair asistíamos a los mítines de solidaridad con la España republicana, con la España heroica del llanto, cuando aprendíamos los poemas de Pablo Neruda, de Louis Aragon, de Paul Eluard, de Stephen Spender, y nos conmovíamos con el "No pasarán" de Upton Sinclair o los artículos de Ilya Ehrenburg.

Ya teníamos dieciocho años y diecinueve años y veinte, y nos manteníamos junto a esos hombres que habían tocado el fascismo con sus manos, y nos explicaban la estrategia de las batallas, absortos en su guerra, esa verdadera guerra, y nos hacíamos de palabras técnicas para comprender, tratar de comprender las sucesivas derrotas de los aliados, convencidos de que el fascismo sería derrotado.

¡Esas convicciones de los adolescentes, de los jóvenes! Ese momento habíamos elegido para preparar a un grupo de jóvenes judíos en el trabajo de la tierra, en la vida colectiva, porque quién podía dudar de que la guerra sería ganada, el Estado sionista-socialista establecido, y que todos iríamos a los kibutzim. En ese año 1943, y 1944, también aprendí a arar la tierra, a ordeñar las vacas, a utilizar las semillas. Pero la sangre y la imaginación estaban en la lucha contra el fascismo, y poco se podía hacer si no era firmar manifiestos, hacer firmar manifiestos, reunir fondos, comprar medicamentos. Enrollar vendas.

¡Enrollar vendas! Recuerdo a mi madre dirigirse todas las noches hacia los comités de solidaridad de la Junta de la Victoria, e inclinarse sobre la mesa a enrollar vendas, después de haber hecho, ese día, el desayuno, arreglar la habitación, salir a la calle a vender ropa entre los gentiles, volver a preparar el almuerzo, salir a vender ropa, a hacer compras, a preparar la cena, y a enrollar vendas. A veces llevaba a esos comités, a ese comité de barrio al cual ella pertenecía, la pequeña alcancía azul y blanca del Keren Kayemet para solicitar algunas monedas que debían ser utilizadas en la compra de tierras en Israel, y nunca le alcanzaba el español para explicar toda la intrincada verdad del sionismo, la posibilidad de que comprar tierras en

Israel fuera una prioridad incluso en esos momentos en que el destino del hombre se jugaba en Stalingrado, y alguna judía culta concurría en su ayuda para explicarle que no era el momento, que en Palestina no se luchaba, que los nazis estaban en otro lugar, pero ella insistía ya sin argumentos, sólo pidiendo solidaridad, y obtenía algunas monedas por esa inevitable comunidad de sentimientos que surge entre las mujeres.

Pero mi madre no sabía que en esos mismos momentos el corazón de su hijo se desgarraba porque debía enfrentar el debate ideológico, político, filosófico, a los veinte años, cuando se luchaba en Stalingrado, y los nombres de los kibutzim parecían tan remotos, tan indescifrables e impronunciables.

Sí, pertenecí a la Junta Juvenil por la Libertad porque no se podía llegar a Palestina y no se podía llegar a la guerra. Porque no pelear contra el fascismo se hacía insoportable a los veinte años en ese año 1943, y lo único que se podía hacer era, una y otra vez, reunir fondos, enrollar vendas, firmar manifiestos, y tratar de demostrar a tanta gente que el sionismo no era una obsesión de un pequeño grupo, una enfermedad desconocida hasta entonces que acababa de descubrirse, una derivación de los monopolios norteamericanos, de los traficantes de armas. ¡Poder luchar hubiera simplificado todo y tantas cosas!

En el comité de Francia Libre me dijeron que solamente aceptaban franceses o hijos de franceses, porque tenían demasiados voluntarios y pocas posibilidades de trasladarlos a todos hasta Europa o el norte de África. En la Embajada británica me admitieron como voluntario porque acepté ir a Asia, pero cuando redacté la solicitud aparecía que había nacido en Rusia, y existía un acuerdo con la URSS de no formar contingentes con "rusos blancos". Y en la Embajada de Estados Unidos me dijeron que no aceptaban voluntarios. Salí esa mañana, ya era el mediodía, de la Embajada de USA, que estaba ubicada a doscientos metros de la Casa de Gobierno, y asistí a la pacífica toma de la Casa Rosada por el Ejército argentino. Era el 4 de junio de 1943, y el coronel Juan Domingo Perón hacía su aparición, todavía reservada y confidencial, pero moviendo los hilos de la conspiración militar, en la escena política argentina.

Había confusión en la venerable Plaza de Mayo, frente a la Casa de Gobierno, y en medio de esa confusión organicé un grupo de jóvenes, voceando lemas antifascistas, para dirigirnos hasta la sede del diario nazi, financiado por la Embajada alemana, "El Pampero". La policía que custodiaba el edificio impidió que lo incendiáramos, y esa noche la pasé en una celda, golpeado en los tobillos por un guardia.

Y desde ese día, los años de mi juventud se complicaron aun más, porque las energías, las lecturas, el tiempo, los estudios, el conocimiento, todo se volcaba hacia tantas direcciones. Y esas direcciones que a mí me parecían correspondientes, integradas, resultaban tan contradictorias a los ojos de los demás, y tan difíciles de explicar: luchábamos contra la dictadura de Perón y su amistad hacia el fascismo, y luchábamos por el sionismo, y debíamos absorber a los escritores clásicos, y estábamos con los aliados pero contra Inglaterra en Palestina, y estábamos con los rusos en Stalingrado pero contra los rusos por lo que habían hecho en España y porque eran antisionistas, y tratábamos de establecer un paralelo entre Marx y Freud, entre Picasso y el realismo socialista, éramos extraños discípulos de Julio Jurenito, pero anunciábamos sin confusión y con algo de solemnidad que al término de la guerra los aliados deberían independizar todas sus colonias porque para eso había sido derrotado el fascismo, y pedíamos un segundo frente así como nuestro corazón seguía firme unido a esa España republicana cuya lucha contra el fascismo fue el primer sabor antifascista que gustamos en las largas charlas en los cafés de Buenos Aires, en la "Casa de la Troya" con los comandantes refugiados de las Brigadas, del Quinto Cuerpo, de Miaja, de Madrid, de Asturias, de Teruel, Málaga.

Y todos esos ríos de dudas e imaginación, de juventud y sueños, todo ese milagro de convivencia del dolor del mundo con el dolor judío, toda esa solidaridad antifascista, ese sueño antitotalitario de mi juventud, quedaba reducido a un informe policial que con precisión militar esgrimía el coronel del Ejército argentino Clodoveo Battesti, presidente del Consejo de Guerra especial número 2. El coronel Battesti sabía perfectamente qué era el sionismo, decía, y no necesitaba que se lo explicara alguien que había dudado, ante tanta tragedia, tanta macabra tragedia, tanta tragedia inútil, si realmente existía no sólo el sionismo, sino el pueblo judío. El coronel Battesti quería que todo concluyera nítido y claro para la mente de un militar argentino, que no quedaran dudas sobre la personalidad de alguien que había dudado no sólo de sí mismo sino de toda la humanidad después de las imágenes y las noticias sobre Auschwitz, Varsovia, Babi Yar.

Pero el coronel Battesti hubiera entendido mejor las estadísticas nazis porque todo lo computaban. Y la filosofía nazi, porque colocaba el odio en el lugar más accesible, y el amor, en el lugar más identificable. Se odiaba al judío, y se amaba a la patria. Y Jacobo Timerman tenía que explicar qué hacía en la Junta Juvenil por la Libertad; explicar que luchaba por esa extraña alianza de Estados Unidos y Rusia, y qué hacía al mismo tiempo en el sionismo, y leía a Freud, y al mismo tiempo había luchado contra Perón y era socialista y decía que estaba contra el totalitarismo ruso. Y aceptaba el hábeas corpus, ahora, como director del diario, hombre poderoso y de fortuna, un hábeas corpus a favor de algún guerrillero desaparecido. Y era el mismo que según el informe policial había dictado una conferencia, en esos mismos veinte o veintidós años, en una Academia de Artes Plásticas, formulando una propuesta a favor del cubismo, o fue del estructuralismo, o del constructivismo, un ismo.

Nada encuadraba en las respuestas de Jacobo Timerman, y sin embargo las preguntas del coronel Clodoveo Battesti parecían tan nítidas y precisas en las actas del Consejo de Guerra especial número 2 de las Fuerzas Armadas argentinas.

–¿Tuvo usted contacto con los terroristas?

–No, señor presidente.

–Pero conoció terroristas, ¿no es cierto?

–Señor presidente, algunas de las personas calificadas como terroristas por las Fuerzas Armadas fueron miembros del Parlamento argentino. En su carácter de legisladores tuve conversaciones con ellos como con cualquier otro legislador. Del mismo modo, señor presidente, tuve conversaciones con los jefes militares de las tres armas. Era natural en el director de un diario.

–Timerman, conteste a lo que le preguntan. Usted me recuerda al ladrón de carteras que proclamaba su inocencia por el número de carteras que no robó, que era mayor a las carteras que había robado. Tuvo contactos con el terrorismo, ¿sí o no?

–No, señor presidente.

–Sin embargo, muchas veces aparecieron en su diario declaraciones de dirigentes terroristas. ¿Cómo llegaron a sus manos esas declaraciones?

–Nunca publiqué, señor presidente, declaraciones de personas que estuvieran en la clandestinidad. ¿Cómo podía yo calificar de terrorista a una persona que convocaba a conferencia de prensa y no era arrestada por la policía ni por las Fuerzas Armadas, y cuyas declaraciones eran transmitidas por la televisión estatal? Todos los diarios publicaban esas declaraciones, y sin embargo sus directores no están ante este Consejo de Guerra.

–Pero cuando uno de esos terroristas era arrestado, usted se ocupaba del caso en forma destacada.

–Si era sometido a la justicia, no lo trataba en forma destacada, pero si se le negaba el acceso a la justicia, lo que me parecía importante era la privación de justicia, que afectaba a la estructura jurídica del país.

–Y de paso le hacía un favor a los terroristas...

–Al país, señor presidente. De todos modos quiero señalar que fui el único director de diario que firmó personalmente artículos condenando al terrorismo y acusando a sus dirigentes, nombrándolos, de crímenes específicos.

–Hay quienes dicen que lo hacía para disimular su verdadera actividad.

–Eso es un infantilismo, señor presidente.

–Usted está aquí para contestar preguntas, no para opinar.

* * *

En un determinado momento histórico, en un específico lugar geográfico, hay actitudes que están contra la naturaleza de las cosas. ¿Por qué un periodista profesionalmente capaz, informado, culto, podía suponer que en la lucha entre los terrorismos de izquierda y de derecha era posible mantener una posición independiente, contraria a los dos, favorable a la democracia?

Todo aquel que no intervenía directamente en la lucha, se dedicaba en la Argentina a sobrevivir. Los partidos políticos, en especial. Y por cierto que los diarios. ¿Por qué no habría de resultar sospechoso alguien que no intentaba sobrevivir? En más de una oportunidad, el ministro del

Interior me aseguró que no habría conflictos del gobierno militar conmigo si interrumpía la publicación de los recursos de hábeas corpus. A excepción del "Buenos Aires Herald", todos los diarios ya habían interrumpido esa publicación. Era una decisión fácil de tomar, pero al mismo tiempo imposible. Era casi una decisión deseable, y sin embargo resultaba imposible. La publicación de los recursos de hábeas corpus que los familiares de los desaparecidos presentaban ante la justicia solicitando informes sobre hijos, maridos, esposos, rara vez lograba algún resultado. Pero los rostros de los familiares llegando a "La Opinión", y esa convicción absurda de que era posible recuperar un ser humano, la necesidad de creer que un diario era una institución poderosa, hacía imposible cualquier actitud que no fuera la publicación del hábeas corpus. Porque, de lo contrario, había que decirle simplemente que olvidara, que aceptara la muerte, que nadie podía hacer nada, que orara. Pero era eso lo que le decían las religiones. O decirle que tuviera paciencia, pero eso era lo que le decían los políticos. O decirle que no era conveniente hacer escándalo, porque significaba una condena a muerte. Pero era lo que le decía la policía. O no recibirlos. Pero eso era lo que hacían los demás diarios. Entonces sólo quedaba la alternativa de recibirlos, de publicar, de decirles que había casos de personas que habían reaparecido, que siguieran luchando, o cerrar el diario.

Porque lo que resultaba imposible era cerrar los ojos.

Más de una vez, con mis colaboradores, pensábamos en suspender la publicación del diario por un tiempo. O quizás que yo me alejara del país con mi familia, y ellos irían modificando el carácter del diario hasta convertir a "La Opinión" en algo más o menos aceptable.

Y yo jugaba con esas ideas, sensatas, fáciles, accesibles, tranquilizadoras. Sentarse con el ministro del Interior a tomar café, sentirse inmune al peligro; cerrar el diario por un tiempo y olvidar esa desesperación de todos los días, esa impotencia; irse al exterior, y dejar que el diario se fuera "normalizando", "naturalizando", asumiendo la naturaleza de las cosas.

No continuar con esa vana, o vanidosa, batalla por principios que sólo podían quedar como ejemplos, ya que no resultaban en nada práctico. Todo hubiera sido tan fácil, y era tan tentador.

¿Cómo podía entender un tribunal militar esas dudas, y esos temores? ¿Cómo podía suponer un tribunal militar, un gobierno militar, que alguien podía sentir una obligación, la fuerza de una idea, la inevitabilidad de una convicción? ¿Cómo podía aceptar un gobierno militar en la Argentina de 1976, de 1977, que un judío sacrificaría su bienestar económico, su tranquilidad, por una idea, a menos que detrás de esa idea hubiera un acuerdo ilegítimo, algo tan antinatural e ilegítimo como su propio nacimiento, esa circunstancia antinatural de ser judío?

Pero ya antes, en 1973, cuando el peronismo llega al poder, esos primeros meses bajo la presidencia de Héctor Cámpora y la influencia decisiva de los grupos guerrilleros montoneros, ¿cómo podía suponer esa izquierda que un judío sacrificaría su tranquilidad, sus ingresos, arriesgaría su vida discutiéndoles la seriedad de su ideología, llamándolos la izquierda loca, fascistas de izquierda, denunciando sus crímenes?

Todo era sospechoso para la extrema izquierda, para los Montoneros, así como todo era sospechoso para el gobierno militar.

Esa racionalidad con la cual "La Opinión" se acercaba a la vida argentina, ¿qué relación tenía con la realidad argentina de esos años? ¿A qué estrategia obedecía, qué la motivaba, hacia dónde quería llegar, a qué mandato obedecía?

En la búsqueda de una explicación que fuera más allá

de las inaceptables ideas de democracia, libertad, tolerancia, convivencia, la izquierda y la derecha debían encontrarse en algún punto. "La Opinión" debía tener un mandato, y obedecía a ese mandato que le era impuesto. "La
Opinión" no elegía libremente ese diario suicidio, ese flirt
dudoso con la muerte.

Entonces "La Opinión" estaba contra la izquierda porque era sionista, y estaba contra el gobierno militar porque
era terrorista, y estaba contra la cultura de masas porque publicaba autores refinados, y estaba contra la moral
cristiana porque publicaba autores de izquierda, y estaba
contra la izquierda porque publicaba a los disidentes soviéticos, pero estaba contra la familia porque publicaba en
su sección científica un artículo sobre las costumbres sexuales de la juventud americana. "La Opinión" estaba a favor del terrorismo porque sostenía que no convenía a la
política internacional argentina romper relaciones con Cuba, pero estaba contra la izquierda porque advertía a Cuba
que debía abandonar su política de exportar la revolución
o dar albergue a terroristas que escapaban de sus países, albergue y adiestramiento.

"La Opinión" estaba contra la naturaleza de las cosas
en esos años, y no admitía esperar pacientemente a que
esa naturaleza se modificara sin su intervención. Y esa
constante intervención de "La Opinión" en todos los niveles de la vida, en todos los riesgos, en las situaciones más
reservadas, es lo que la convertía en una entidad sospe-
chosa, porque ninguno de los dos sectores comprendía en
qué radicaba el beneficio que "La Opinión" obtenía. Y era
muy difícil admitir que no había beneficio. A esa búsqueda del beneficio que obtenía ese judío de izquierda, ese
diario impertinente, ese sionista declarado, ese periodista
omnipotente, a esa búsqueda de los motivos de tanta
irresponsabilidad, o locura, o audacia, o destino manifies-
to, se dedicaron en la Argentina los tribunales militares,

los tribunales civiles, los tribunales secretos de los terroristas, los políticos, los periodistas, los dirigentes de la comunidad judía, los dirigentes sionistas.

Para todos, algo inexplicable y sospechoso estaba ocurriendo, y alguna explicación debía tener. En ese mundo de ininterrumpida obsesión morbosa que vivía la Argentina, ¿quién podía admitir que había un grupo muy pequeño de personas, en "La Opinión", en el "Buenos Aires Herald", en la Asamblea Permanente de los Derechos Humanos, que se atenían a ciertas verdades y sentimientos muy simples, de los cuales no se querían desprender, y que eran más fuertes que el miedo? Esos sentimientos que llevaban a algunos sacerdotes cristianos y rabinos, atemorizados, a visitar a los presos en las cárceles, a buscar desaparecidos; a algunos abogados, a aceptar convertirse en asesores legales de las familias de los desaparecidos; a algunos periodistas a redactar artículos y luego, muy hondo en su fuero interno, rogar seguramente para que el diario interrumpiera su publicación antes de que saliera de las rotativas con su firma al pie del artículo.

¿Y cómo encajar todo esto, esos sueños de libertad de prensa, de democracia y convivencia, de tolerancia y libertad, cómo encuadrar todo en las respuestas al presidente del Consejo de Guerra especial número 2, ese coronel Clodoveo Battesti que después de cumplida su alta misión jurídica y militar, fue premiado con la dirección de un canal de televisión estatal, donde la vida se desarrolla con tanto humor y gracia, y belleza, y espontaneidad, y facilidad?

Y en definitiva, ¿qué es explicable? No al coronel Clodoveo Battesti, pero me pregunto si es explicable para mí, si me puedo explicar a mí mismo esas decenas, centenares de artículos pidiendo piedad por un militar secuestrado, por un terrorista desaparecido, rogando por la vida de los mismos que querían terminar con mi vida.

Me pregunto si no me resulto sospechoso a mí mismo, en esa elección de lo imposible, en esa permanente vigilia de mi propia desesperación, si no vivía una especie de omnipotencia de ser la víctima, La Víctima. Ese odio de todos aquellos por los cuales me parecía entregar lo mejor de mí mismo, lo mejor de mi valentía y sacrificio, ¿no terminaba por imponerse dentro de mi miedo, no me hacía pensar por momentos si no había alguna razón de fondo, algo que se me había escapado, alguna lejana culpa que yo ocultaba con mis principios, mi sugestiva honestidad, mi inexplicable vocación humanitaria?

Me sentía, a veces, como esos judíos a quienes los nazis terminaban de convencer de que eran objeto de odio porque eran un objeto necesariamente odiable. El odio se me hacía por momentos tan insoportable, que se me aparecía no sólo como la necesidad del odio de ellos, sino la lógica de su odio. Y me desgarraba en dolorosas fantasías sobre la supervivencia de la humanidad, sobre la utilidad de esa supervivencia mientras dirigía una carta abierta al presidente argentino rogándole por la vida de un político uruguayo desaparecido, o trataba de explicar a la izquierda loca que el terrorismo alejaba a la izquierda del pueblo, que el pueblo aspiraba a la lucha política antes que al terrorismo.

Y todo ese mundo que me acongojaba, que se me caía encima, que me aplastaba, como una lápida sobre mi angustia, debía ser encuadrado en una respuesta coherente para el coronel Clodoveo Battesti, que unos meses después de presidir este Consejo de Guerra se dedicaba a decidir cuáles serían las coristas del próximo espectáculo del Canal 9 de televisión de Buenos Aires.

El Consejo de Guerra recorrió, en esas catorce horas de sesiones, toda mi vida, o la vida, presuntamente mi vida, tal como surgía de los informes policiales que se habían acumulado sobre el nombre de un periodista político durante treinta años. Esas mentalidades formadas en los institutos militares, que otorgan a las Fuerzas Armadas un sentido mesiánico, ya habían encuadrado a Timerman en el delito de su nacimiento, pero no aparecía algún delito pasible de ser divulgado en grandes titulares en los diarios, esos diarios argentinos ávidos de demostrar que el periodismo que hacía Timerman era una romántica fantasía infantil que sólo podía conducir al desastre.

Para esas mentalidades totalitarias, orgullosas de tener a su merced a ese intelectual impertinente, ese sionista de izquierda, ese lejano poeta adolescente, había preguntas lógicas y coherentes que demostraban el alto índice de criminalidad de Timerman. Pero el asesor legal, ese auditor militar que pasó por las aulas universitarias despreciando a los civiles, racialmente anticivil, ese abogado de uniforme, aconsejaba no formular cargos que no estuvieran claramente especificados en las leyes antisubversivas o en el Código de Justicia Militar.

Ya cuando comenzó su interrogatorio, sabía el Consejo de Guerra que no podría calificar de acto criminal la campaña contra la guerra en Vietnam, pero ¿cómo habría de sustraerse el coronel Clodoveo Battesti de sugerir que esos artículos de "La Opinión" formaban parte de la conspiración comunista contra los Estados Unidos de América?

No había lugar en ningún código normalmente aceptable, o interpretable, para afirmar que un artículo apoyando la política dura de Estados Unidos con respecto de Pinochet formaba parte de la conspiración que el sionismo-marxista junto con los liberales de Washington llevaban contra los gobiernos cristianos de América latina. Pero ¿cómo podían esos militares, pagados de sí mismos, sustraerse a la tentación de obligarme a explicar esos artículos, esa línea política, ese apoyar o criticar alternativamente a Estados Unidos? ¿Cómo no habrían de descubrir en esos conflictivos aspectos de la actualidad internacional alguna satánica combinación de las fuerzas que debía, necesariamente debía, representar un periodista, judío, sionista, de izquierda, altanero, suicida?

Pero después, ¿qué?

El Consejo de Guerra especial número 2 declaró que no existía ningún cargo contra el prevenido Jacobo Timerman, y por lo tanto quedaba fuera de su jurisdicción, y no existían motivos para mantener su arresto. Esto ocurrió en los últimos días de setiembre de 1977, y me fue comunicado el 13 de octubre de 1977.

Se terminaron los interrogatorios, las declaraciones, las explicaciones, pero el gobierno de las Fuerzas Armadas me mantuvo preso dos años más, hasta el 24 de setiembre de 1979, cuando por segunda vez la Suprema Corte de Justicia declaraba que no encontraba ningún motivo para que el arresto continuara. ¿Cómo podía la Suprema Corte avalar la convicción de que Jacobo Timerman era el Anti-Cristo, pero que era imposible demostrarlo? El ministro del Interior declaró que estaba convencido de que Timerman era un subversivo, pero desgraciadamente no habían podido probarlo. Los generales del Ejército se reunieron, y por amplia mayoría votaron que a pesar de la decisión de la Corte Suprema el delincuente Jacobo Timerman debía continuar preso, preferiblemente en un regimiento militar; además, la Suprema Corte debía renunciar. Y sólo cuando el presidente Jorge Rafael Videla, ante la presión internacional, amenazó con renunciar si no se acataba la resolución de la Corte Suprema ordenando la libertad de Timerman, el Ejército encontró una solución salomónica (sin saber, posiblemente, que Salomón fue un rey judío): anuló la ciudadanía argentina de Timerman, lo expulsó del país, confiscó sus bienes, pero no acató la orden de libertad que había dado por segunda vez la Suprema Corte de Justicia.

¿Hay que agregar que los diarios argentinos, los juristas, los políticos amigos del gobierno, los dirigentes comunitarios judíos –todos esos que algún día dirán como dijeron ya en Alemania que no conocían la existencia de los campos de concentración– felicitaron al gobierno por ser obediente ante una resolución de la justicia, por ser un fiel observante de la majestad de la justicia?

10

Algunos ideólogos de la dictadura militar argentina trataron de definir los peligros que enfrentaba la Argentina como la mejor forma de explicar sus propias motivaciones y acciones. Este método de explicar un objetivo no por lo que quiere obtener o por lo que está realizando, sino por lo que trata de evitar, es típico de las mentalidades totalitarias de izquierda y derecha que desataron la violencia terrorista en la Argentina. Nunca supieron expresar qué era lo que querían construir, pero siempre fueron categóricos en lo que querían aniquilar.

Una de las definiciones más elaboradas fue la siguiente: "Tres son los principales enemigos de la Argentina. Karl Marx, porque trató de destruir la idea cristiana de la sociedad. Sigmund Freud porque trató de destruir la idea cristiana de la familia. Y Albert Einstein porque trató de destruir la idea cristiana del espacio y el tiempo".

Para cualquier individuo medianamente civilizado esta frase encierra un deseo muy claro de retornar a la sociedad católica de la Edad Media. Es una forma de rechazo de la sociedad moderna, o de los intentos por entender las contradicciones de la sociedad contemporánea. Para una mente totalitaria no existen contradicciones que justifiquen una sociedad pluralista y tolerante. Sólo existen enemigos o amigos.

Para un judío, la descripción hecha por un ideólogo militar de cuáles son los principales enemigos de la Argentina, constituía la aparición de un viejo fantasma. Porque las figuras elegidas para explicar al enemigo, son tres judíos. Es cierto que uno de los más feroces escritos antisemitas se debió al mismo Karl Marx, el libro *La cuestión judía*. Pero si para algunos comunistas más o menos civilizados este libro contiene algunas apreciaciones equivocadas y debe ser analizado a la luz de los problemas de la época en que fue escrito, para un totalitario de derecha es sólo una demostración de que los judíos utilizan a veces métodos contradictorios para confundir a los no-judíos y hacerles creer que los judíos están divididos.

Algunos sectores militares argentinos no coinciden con esta tesis. Pero nunca lo dirán porque podrían aparecer como pro judíos. Varias veces, por cierto, han sostenido que es necesario evitar toda expresión de antisemitismo, pero lo han explicado como una necesidad táctica y no una posición ideológica o una expresión de principios. Su principal argumento a favor de evitar toda sospecha de antisemitismo ha sido siempre la necesidad de no enfrentar a la poderosa comunidad judía de los Estados Unidos. Pero este sector debió actuar siempre con especial cuidado para evitar ser acusado de "debilidad ante el enemigo", uno de los principales anatemas que puede caer sobre un militar argentino cuando procede de sus propias filas.

Este grupo de moderados era de todos modos exitosamente contrabalanceado por el sector duro de las Fuerzas Armadas. Y en manos de este sector duro estuvo la política de represión y exterminio de los primeros cuatro años de dictadura militar. El sector duro colgaba retratos de Hitler en las habitaciones donde eran interrogados los presos políticos judíos; inventaba torturas especiales para los presos judíos; reducía la cuota de alimentación para los presos judíos en las cárceles clandestinas; humillaba a los rabinos que se atrevían a concurrir a las cárceles a visitar a los presos judíos. Y, básicamente, alimentaba y protegía a las organizaciones que publicaban la literatura antisemita, ya sea libros o revistas. En estas revistas se llegó a afirmar que el presidente Jimmy Carter era judío y su verdadero nombre, Braunstein, con la misma ligereza y odio y argumentación con los cuales los nazis en la Segunda Guerra Mundial aseguraron que Franklin Roosevelt era judío.

Algunos amigos militares me ofrecieron lo que ellos consideraron eran buenos consejos. Dejar el país por un par de años hasta que los momentos más violentos del proceso represivo pasaran. Dejar la dirección del diario en manos de mis colaboradores, sólo por un par de años, hasta que la violencia fuera superada. O no publicar ciertos artículos. O no publicar los nombres de las personas que diariamente desaparecían. En fin, buscar algún tipo de compromiso con la realidad.

Este "realismo", este espíritu pragmático, es el motor más importante de la supervivencia en un país totalitario. La tendencia biológica a sobrevivir se manifiesta por una racionalización del condicionamiento. Una explicación moral, o práctica, o ideológica de las actitudes que es necesario asumir para sobrevivir.

Uno puede decirse a sí mismo: mis actos no van a cambiar la historia, y sólo me llevarán a la muerte; pero si *sobrevivo*, seré útil para la reconstrucción del país. Si publico los nombres de los desaparecidos, como me lo piden sus familiares, no evitaré que los maten, pero lograré que me maten a mí, mientras que si no publico los nombres podré *sobrevivir* para seguir la lucha, ya que los desaparecidos de todos modos están muertos. En estos momentos, nada de lo que haga o publique puede modificar los acontecimientos porque los sectores duros de las Fuerzas Armadas dominan la situación; pero si *sobrevivo*, podré ayudar con mi diario a los grupos moderados cuando éstos estén en condiciones de tomar el poder.

Este condicionamiento con la realidad es siempre ejercido por la mayoría de la población. La gran mayoría. Cualquiera que sea el ejemplo que se elija, la Alemania de Hitler, la Rusia de Stalin, la Italia de Mussolini, la Cuba de Castro, la casi totalidad de la población siempre buscará un compromiso con la realidad para poder sobrevivir y ser útil cuando el momento sea más adecuado. Y precisamente por ello, quien se aparta de este pragmatismo casi biológico se hace sospechoso no sólo para el poder, sino también para la población en general.

Los militares me expresaron muchas veces su admiración por mi abierto enfrentamiento con los terroristas de izquierda, a quienes acusaba y señalaba sin eufemismos desde mi diario. Pero entonces se les hacía muy difícil entender por qué también acusaba con la misma estridencia a quienes utilizaban métodos terroristas para liquidar a los terroristas de izquierda. Me preguntaban qué motivos tenía para luchar contra los aliados de los militares, los terroristas de derecha, y ninguna de mis respuestas les resultaba satisfactoria. Siempre les parecía que la táctica de la represión era más importante que la ideología del proceso.

Mi diario fue el más perseguido por los cuatro presidentes peronistas que hubo en la Argentina entre 1973 y 1976. El más perseguido por el peronismo de izquierda y por el peronismo de derecha. Y no había forma de explicar a los militares que a pesar de ello yo creía firmemente que la represión contra los terrorismos debía y podía ser realizada dentro de los marcos legales, respetando las leyes argentinas.

Los militares creyeron –y hoy comprenden hasta qué

punto se equivocaron– que jamás tendrían que responder por la política de exterminio seguida entre los años 1976 y 1980.

Pero cuando además del periodismo independiente que yo ejercía aparecía el hecho de que también era judío, apasionadamente judío, apasionadamente sionista, todos sus esquemas se derrumbaban. Los envolvía una especie de pánico. Como si estuvieran en presencia de Satán.

Recuerdo que hace quince años apoyé a un grupo de coroneles democráticos que eran considerados los hombres más brillantes del Ejército. Quienes discutían sus posiciones me utilizaron como elemento de crítica: si Timerman los apoya, seguramente significa que no están capacitados para triunfar; Timerman los empuja a la acción para tratar de dividir al Ejército.

En 1977 envié un periodista a una provincia a escribir unos artículos sobre un general del Ejército que estaba realizando un muy buen gobierno. Tuvo tanto temor de que mi diario lo elogiara, que me envió un telegrama diciéndome que no quería que se publicara ningún elogio sobre su administración, porque todo lo hacía por la Patria y no en busca de gloria.

Algunos militares se sentían en condiciones de entenderme como judío religioso o sionista religioso. Pero cuando les decía, o lo publicaba, que no era religioso, que era judío desde un punto de vista político, y también un sionista político, sentían una especie de terror, terror ante lo desconocido, ante una nueva forma satánica.

Mi judaísmo era un acto político; el judaísmo, una categoría política. Ya eso solo resultaba imposible de comprender para los militares. Pero al mismo tiempo era muchas otras cosas que, además de imposibles de comprender, resultaban demasiado sospechosas para una mente educada en el antisemitismo, o inclinada hacia el antisemitismo, o francamente antisemita. No podían aceptar, ni entender, que un patriota argentino fuera también un patriota judío, y también un sionista de izquierda, y editor de libros de sicología; defensor de Salvador Allende en Chile, los disidentes soviéticos y los prisioneros políticos en las cárceles cubanas. El mundo de ellos era más simple. Y para sobrevivir en ese mundo había que elegir entre los dos extremos. Para muchos, para la gran mayoría, fue muy sencillo. Para mí, imposible.

Y esto es lo que hizo que los dirigentes judíos de Buenos Aires me consideraran también un factor de irritación.

Desde las páginas de mi diario, se protestaron, se denunciaron, todos los actos antisemitas que se cometían en el país. El presidente de la comunidad judía, Nehemías Reznitsky, me explicó que no debían protestarse todos, ya que ello creaba un enfrentamiento con sectores muy poderosos del Ejército. Que era mejor otra táctica: protestar algunos, silenciar otros, y tratar de negociar y sobrevivir.

Los sicólogos fueron perseguidos, los curas democráticos fueron perseguidos, y los periodistas, y los universitarios, y los judíos, y los abogados defensores de presos políticos. Fueron perseguidos o degradados. La mayoría optó por el silencio, por acatar los nuevos valores que limitaban sus profesiones, que denigraban su espíritu creador. La gran mayoría aceptó ese *ghetto* de oro de la supervivencia, esa lujuriosa sensación de la seguridad, esa maravillosa sensación biológica de saberse vivo por encima de toda duda.

Pero si todos son culpables de compromiso con la realidad, o inocentes porque casi es entendible que la vida en cualquier condición o circunstancia resulte preferible a la muerte, ¿por qué tengo esta obsesión únicamente con la complicidad de los dirigentes judíos de la Argentina?

Después de la guerra, comenzamos a comprender la magnitud del Holocausto. Y nos prometimos que nunca jamás volvería a repetirse esa silenciosa y científica destrucción de nuestro pueblo. Y también nos prometimos, y lo juramos, y lo repetimos a través de los años, que jamás volvería a repetirse nuestro propio silencio, nuestra pasividad, nuestro desconcierto, nuestra parálisis. Nos prometimos que nunca jamás el horror nos paralizaría, nos asustaría, nos haría desarrollar teorías de supervivencia, de compromiso con la realidad, de postergación de nuestra pública indignación.

Para los dirigentes judíos de Buenos Aires, para dirigentes judíos en muchos lugares del mundo, el punto de referencia es el horror del Holocausto. Una cámara de gas, un campo de concentración, una selección ante los hornos crematorios es el punto de referencia que debe determinar si ha llegado el momento de la batalla abierta y total contra el antisemitismo.

Y para mí el punto de referencia es también la responsabilidad de los judíos ante cualquier acto antisemita. El punto de referencia es la acción de los judíos; el silencio judío de los años de Hitler antes que los actos de Hitler.

Nunca pude entender que los horrores del Holocausto hagan parecer sin importancia la violación de muchachas judías en las cárceles clandestinas de la Argentina. Nunca pude aceptar que la actividad recordatoria, la industria de la recordación del Holocausto haga parecer como innecesario ocuparse abiertamente de la publicación de literatura antisemita en la Argentina y el hecho de que esa literatura es estudiada en las academias militares de Buenos Aires.

Yo creí siempre que incorporar el Holocausto a mi vida significaba que jamás podría permitir que la policía argentina se sienta autorizada a humillar a los presos judíos. Nunca supuse que algunos dirigentes judíos utilizarían los horrores del Holocausto para indicar que ante ciertas agresiones antisemitas, mucho menos terribles que esos horrores, el silencio sería más redituable.

Y es por todo eso que creo que la más importante lección del Holocausto no radica en los horrores cometidos por el nazismo. Exponer una y otra vez esos horrores no inclina a ningún antisemita a la piedad. La más importante lección que deja el Holocausto radica en la necesidad de comprender el silencio judío y la incapacidad judía para defenderse; radica en la incapacidad judía de confrontar al mundo con su propia locura, con el significado de la locura antisemita.

El Holocausto será comprendido no tanto por el número de víctimas como por la magnitud del silencio. Y lo que me obsesiona es más la repetición del silencio que la posibilidad de un nuevo Holocausto. Porque sólo la repetición del silencio posibilitará un nuevo Holocausto.

Los dirigentes judíos de la Argentina intentan medir el peligro que afrontan por la magnitud de los actos antisemitas. Tratan de encontrar en sus recuerdos, en sus miedos, en sus creencias, alguna tabla de valores que les permita predecir el futuro. Que les indique cuántas escuelas judías deben ser bombardeadas, cuántas audiciones de televisión antisemitas transmitidas, cuánta propaganda antisemita publicada para que la tendencia sea hacia el Holocausto. Y yo he luchado desde mi diario para que ni el más mínimo acto antisemita quede silenciado, porque el silencio de los judíos es el único indicador de que el Holocausto sigue presente en la condición judía dentro de la historia.

El balcón de mi casa en un suburbio de Tel Aviv mira hacia el Mediterráneo. Esos grandes balcones de Tel Aviv, casi habitaciones, que mi esposa ha llenado de flores, plantas y algunos pósters de Max Ernst. Frente a mi balcón, el sol se hunde rojo en un mar demasiado azul para mis ojos acostumbrados al Atlántico meridional. Durante nueve meses no llueve en Tel Aviv, y la ceremonia del sol

161

abrazado por el mar se repite diariamente. Es un peculiar momento de bondad en mi vida. La piedad es siempre más fuerte que mi memoria, y más tierna que mi ideología. Y pienso en esos dirigentes judíos de Buenos Aires tratando de encontrar un punto de equilibrio entre su terror, su parálisis y el perdón que esperan de los militares moderados. Recuerdo cuando se sentían orgullosos de que el poderoso Timerman proclamara desde su diario tanto judaísmo, tanto sionismo, hablando de igual a igual con los militares, con la Iglesia católica, con los políticos, con los dirigentes gremiales. Se sentían protegidos. La destrucción de Timerman despertó en ellos sentimientos profundamente ocultos en la subconciencia de todo judío: el temor a salir de noche de los límites del *ghetto* medieval; el terror a que la noche los encontrara fuera de los límites del *ghetto* medieval, y no pudieran acogerse dentro de sus oscuras callejuelas a la protección del señor feudal.

¿Cómo no sentir piedad por ellos? Después de todo, ¿no fue una casualidad que la dictadura militar organizara los mayores escándalos solamente contra los judíos que se habían lanzado a la vida argentina actuando como iguales a los demás ciudadanos? El mejor acto antisemita fue aquel en el cual se silenció a quienes no temían hablar. Un judaísmo silencioso y atemorizado. Un judaísmo que ha vuelto a plantear la necesidad de comprometerse pragmáticamente con la realidad a través del silencio. No se puede pedir un triunfo mayor para el antisemitismo argentino: un judaísmo que no sabe qué hacer, no sabe qué le espera, cuál es su fuerza, cuál es la fuerza de su enemigo.

Es posible sentir piedad, y es posible sentir furia. Ambos sentimientos son resultados del amor. ¿Y cómo no amar a este pueblo torturado, sacrificado, abandonado cada vez que la historia se hace muy complicada o muy peligrosa para todos?

En la cárcel clandestina Puesto Vasco, dirigida por el coronel Ramón Camps, una mujer es torturada. Mi celda queda muy cerca de la cocina, donde le aplican las torturas. Estoy maniatado y con los ojos vendados. Oigo claramente que aúlla, y grita que no es judía, que su apellido es alemán. Para un policía argentino, nada más sencillo que confundir apellidos que le resultan extraños. Pero aquí, en Tel Aviv, frente al Mediterráneo de los judíos, pienso en esa escena. Pienso que si hubiera sido judía, no habría tenido ni siquiera esa última línea de defensa. ¡Qué soledad! Y también pienso que si mentía, y era judía, ¡qué horrible desamparo!

En la cárcel clandestina Coti Martínez, que estaba bajo la supervisión del general Carlos Suárez Mason, un hombre de unos setenta años es golpeado por un policía. El hombre tiene las manos atadas a la espalda y los ojos vendados. El policía le arranca la cruz que lleva colgada del cuello y lo acusa de ser judío, de querer ocultar su judaísmo. Después de los golpes lo colocan en mi celda, y el anciano me dice que hace casi cincuenta años que se convirtió al catolicismo y que la cruz que le robaron le fue regalada por el Papa Paulo VI. Se considera católico, y le enfurece que no le crean. Jura que se vengará del policía canoso de manos pequeñas, regordete, que todos los días pasa sonriendo delante de nuestra celda, y fue el que lo golpeó.

Y aquí frente al Mediterráneo de los judíos pienso en ese judío, ese viejo para mí eterno judío, que fue golpeado como judío, y aquella mujer católica que fue golpeada como judía, en esos dos católicos golpeados como judíos porque eran odiados como judíos, y supongo que ya no tengo derecho a exigir nada de ningún judío. ¿Qué pueblo, qué individuo puede sobrellevar tanto odio? ¿Cómo exigir a alguien que realice un esfuerzo tan sobrehumano para que su derecho a la vida sea respetado; que tenga fuerzas para vivir si apenas le alcanzan sus fuerzas para dejarse llevar a la muerte?

Sin embargo, una y otra vez sin embargo, ¿hay acaso algún otro grupo humano, algún otro pueblo, que arriesga tanto cuando no enfrenta a sus enemigos, tanto como los judíos? En la Argentina, en 1980, treinta y cinco años después de la derrota de Hitler, en el canal de televisión que el Ejército dirige en Buenos Aires, de boca de un periodista que hace veinte años ejerce su profesión y no es ningún ingenuo, un periodista que es hermano de un general del Ejército que dirige los servicios de prensa del gobierno militar, se escuchan las siguientes preguntas: ¿Por qué no hay judíos pobres? ¿Por qué los judíos dan tanto dinero a Israel? ¿Por qué los judíos no se casan con católicos? ¿Por qué los judíos se consideran superiores?

Una repetición de los insultos y difamaciones de los jerarcas nazis, proveniente de una de las fuerzas más poderosas en la vida de la Argentina, el Ejército. Es muy fácil reaccionar ante esta campaña antisemita, sentirse ofendido, identificar sin hesitaciones, sin dudas, a este periodista nazi cuyo nombre es Llamas de Madariaga.

Es fácil reconocer a un antisemita. Es más complejo reconocer una situación antisemita. No debiera serlo, ya que a través de cientos de años los judíos se han visto enfrentados a situaciones similares. Sin embargo, otra vez sin embargo, no es fácil vivir en un país y tener que acusar al Ejército de promover en forma indirecta el antisemitismo. Y más difícil aún denunciar a los liberales que, al igual que en todos los países que cayeron bajo el totalitarismo antisemita, de izquierda o de derecha, prestan sus servicios no a los antisemitas, pero sí a la situación antisemita general.

El director del diario "La Prensa" de Buenos Aires, Máximo Gainza, es un liberal, un hombre democrático. Su diario informó que yo recibí el premio de la Federación Internacional de Editores de Diarios, la Pluma de Oro de la Libertad de 1980. También su diario publicó que recibí el premio "Arthur Morse" del Aspen Institute. Se trata de dos de los más prestigiosos premios en el periodismo mundial. Sólo un periodista argentino recibió la Pluma de Oro antes que yo, precisamente el padre de Máximo Gainza, el ya fallecido Alberto Gainza Paz. Ninguna de las dos instituciones es judía. Además de esos dos premios, recibí también varios premios de las más destacadas organizaciones judías mundiales: United Jewish Appeal, American Jewish Committee, Anti-Defamation League de la Bnai Brith, Hadassah, United Synagogue of America. Y sin embargo este hombre liberal, en declaraciones a una revista de Buenos Aires, dice que recibí "...dos o tres premios, todos dados por organizaciones judías".

Leyendo esto, qué fácil es concluir que existe una conspiración judía mundial, que los judíos dan premios a los judíos para sostenerse mutuamente. Por cierto que un hombre liberal como Máximo Gainza no piensa esto. Pero lo curioso es que lo dice sin pensarlo, permite que se llegue a esta conclusión sin tomarse el trabajo de decirlo directamente, dejando para los nazis declarados la tarea de interpretarlo de este modo.

Es un proceso sicológico e ideológico que se ha visto repetido muchas veces en la historia política de este siglo: adaptarse a una situación sin compartir las ideas lleva inevitablemente a ser cómplice de los actos impulsados por esas ideas.

Máximo Gainza no es un antisemita, y su diario defenderá a los judíos. Y, sin embargo, de pronto servirá de instrumento a los antisemitas porque la situación lo arrastra. Máximo Gainza, director de "La Prensa", de Buenos Aires, sabe que la Federación Internacional de Editores de Diarios que premió a su padre hace unos años no es una entidad judía.

Pero lo calla. Y lo calla exactamente del modo en que los

11

Cuando allanaron la casa no encontraron a quien buscaban, al padre. Entonces colocaron capuchas sobre todos
los otros, y los llevaron. La madre, los dos hijos, la nuera,
la sirvienta. Unos días después dejaron en libertad a la sirvienta. Comenzaron a torturar a la madre, los dos hijos y
la nuera. Entonces él se presentó ante un juez para declarar que la policía lo buscaba, y que se entregaba a la justicia. Pero el juez lo entregó a la policía, y la policía dejó en
libertad a la esposa.

Estaban ahora presos, en una cárcel clandestina llamada Coti Martínez, el padre, los dos hijos y la nuera. Siguie-
ron torturando por un tiempo a los cuatro. Luego únicamente al padre. Pero antes de cada sesión de tortura del
padre, ordenaban a la nuera y a los dos hijos que le prepa-
raran comida y lo atendieran para que pudiera estar for-
talecido para la tortura. El padre estaba amarrado por una
argolla de hierro a la cama, y comía con la otra mano ayu-
dado por sus dos hijos y la nuera. Luego los tres se despe-
dían de él, tratando de animarlo para la sesión de tortura.

Si dejáramos la escena aquí, podríamos preguntarnos a
qué mundo, a qué país, a qué época pertenece. ¿En qué
puede diferenciarse esta escena de lo ocurrido en la época
de Mussolini, Hitler, Franco, Stalin? Quizás en algunos
detalles de procedimiento, pero no en la concepción del

hecho. Porque el hecho está concebido de acuerdo a un principio básico de todo totalitarismo: la política puede realizarse a través de la destrucción individual de la persona; la violencia ejercida sobre una persona puede significar la solución de un problema político, el fortalecimiento de una ideología, de un sistema.

Si esa escena hubiera sido redactada en ruso, ¿alguien dudaría de que estaba ocurriendo en alguna remota región de la URSS? Y escrita en alemán, ¿sería diferente de los episodios que se repitieron en las ciudades alemanas durante el proceso de fortalecimiento del régimen hitlerista, la supresión de opositores al régimen o de enemigos personales de los jerarcas del régimen, o el resultado de las intrigas entre los diferentes caudillos del régimen?

Ocurrió en la Argentina con la familia Miralles. El padre había sido ministro de Economía de un gobernador provincial peronista que había luchado junto a los moderados del Ejército contra la guerrilla de izquierda peronista y a favor del derrocamiento de Isabel Perón. Este gobernador, Victorio Calabró, podría convertirse en el futuro en un líder favorable a un militar moderado que deseara conquistar el voto peronista. El candidato más probable podía ser el general Roberto Viola, en ese momento jefe del Estado Mayor del Ejército, que garantizaba la seguridad de Calabró contra todo secuestro. La línea dura –encabezada por los generales Ibérico Saint Jean y Guillermo Suárez Mason y el coronel Ramón Camps– deseaba destruir a Viola y sus posibles aspiraciones futuras, por lo tanto también a Calabró, cuyos orígenes estaban en el liderazgo que ejercía en el campo sindical. No pudiendo secuestrar a Calabró, quizás fuera posible enjuiciarlo, acusarlo de algún crimen. Por lo tanto habría que formalizar una acusación, y seguramente nada mejor que interrogar a su ministro de Economía para comprobar algún enriquecimiento ilícito.

Toda esta historia de intrigas, si fuera planteada en puro idioma político, no sería diferente de tantas historias políticas en una democracia. Un grupo de conservadores trata de encontrar argumentos para invalidar la posible candidatura futura de un líder militar liberal o moderado. Es una democracia. Lo que lo convierte en un episodio hitleriano es que los mecanismos son los que se imponen a los objetivos. Y aquí radica en definitiva la clave argentina. Por un lado, los gobernantes que declaran objetivos democráticos no permiten que se los acuse de tener otros objetivos, se esmeran en recibir a periodistas internacionales y declarar que sus objetivos son reconstruir la democracia argentina. Pero cuando comienzan a aparecer los mecanismos que rigen la vida diaria de la Argentina, la situación no es diferente de la que existía en Alemania entre los años 1933 y 1939, antes de la guerra.

Estuve preso con la familia Miralles en el Coti Martínez, y luego también con el padre y uno de los hijos en Puesto Vasco. Después de largas torturas, oí muchas veces al hombre gritar que firmaría lo que le pidieran, que lo mataran, pero el hecho es que no pudo aportar ninguna prueba para enjuiciar a Calabró porque no tenía ninguna. Varios meses después los dejaron a todos en libertad.

De todas las situaciones dramáticas que he visto en las cárceles clandestinas, nada puede compararse a esos grupos familiares torturados muchas veces juntos, otras por separado, a la vista de todos, o en diferentes celdas sabiendo unos que torturaban a los otros. Todo ese mundo de afectos construido con tantas dificultades a través de los años se derrumba por una patada en los genitales del padre, o una bofetada en la cara de la madre, o un insulto obsceno a la hermana, o la violación sexual a la hija. De pronto se derrumba toda una cultura basada en los amores familiares, en la devoción, en la capacidad de sacrificarse el uno por el otro. Nada es posible en este universo, y es precisamente lo que saben los torturadores.

Las miradas de los padres, primero de desesperación, después de disculpas, después de aliento. Buscando alguna forma de ayudarse mutuamente, de acercarse una manzana, un vaso de agua. Esos padres tirados en el suelo, sangrando, tratando de que los hijos encuentren fuerzas para sobrellevar las torturas que les están todavía reservadas. La impotencia, esa impotencia no sólo de hacer algo en defensa de los hijos, sino la impotencia de acercar una caricia. Escuché, de celda en celda, los murmullos de las voces de los hijos tratando de averiguar qué pasaba con los padres, y he visto los esfuerzos de las hijas para conquistar algún guardia, despertar el sentimiento de ternura en algún guardia, hacer brillar en su interior la esperanza de una relación futura, hermosa, para averiguar qué pasa con una madre, para acercarle una naranja, para que le permitan ir a la letrina.

Esos grupos familiares destruidos y derrotados en conjunto, sin la esperanza de pensar que los otros están afuera, como yo pensaba de mi mujer y mis hijos. Esos padres desesperados por contestar lo que los torturadores querían saber, sin heroísmo, pero muchas veces sin saber de qué se trataba, ignorantes de la intriga que se desarrollaba con ellos como centro. Era el verdadero fin de la civilización en la cual fui educado porque desaparecía lo que era la familia: el consuelo era imposible, el afecto, inalcanzable; la protección, violada en todas sus formas. Desaparecía la antigua familia protectora, afectiva, para dar lugar a un grupo que no podía expresar nada el uno por el otro que tuviera alguna vigencia, validez, sirviera para algo. Todo concluía en un nuevo aullido del ser querido que era torturado, y una vez más sólo la locura permitía escapar de algún modo al derrumbe de una vida que había nacido con amores, fue construida con afectos, debía estar envuelta en la solidaridad.

Una antigua casa de una planta en la localidad de Martínez, veinte kilómetros al norte de Buenos Aires. Fue anteriormente una estación de policía. Una puerta estrecha para entrar, y una puerta de entrada para automóviles. La casa comienza con una pequeña habitación que es el depósito de armas, seguida por otra pequeña habitación con dos camas superpuestas, que es el dormitorio de la guardia. Dan a un estrecho y breve pasillo al cual se abre otra puerta, que es la oficina de inteligencia y archivo. A ésta le sigue una habitación que es la oficina del jefe, y otra habitación con un baño privado con dos camas, que es el dormitorio de los dos jefes principales y sala de tortura cuando la cocina está ocupada. Este dormitorio y el dormitorio de la guardia dan a un patio cuadrado en medio del cual hay una habitación de lata, muy estrecha, para mantener de pie o acostados o atados a una silla, durante horas o días, a los presos. A ese patio de la puerta de una cocina, que tiene además otra puerta que da a otro dormitorio de camas superpuestas para las diez personas que constituyen la dotación policial. De ese dormitorio, una puerta da a otro patio, donde hay un lavatorio para todos, y una puerta en el otro extremo que da a un sótano. En ese sótano hay una galería a la cual dan varias celdas. Ahí están encerrados los presos. Las paredes constantemente húmedas, pero algunas celdas tienen la suerte de contar con un agujero en el suelo que sirve como letrina. Los que están en otras celdas sin ese agujero tienen que pedir a la guardia que los acompañen al lavatorio en el patio, a lo que no siempre la guardia está con ganas de responder. Una de las celdas con agujero, desde hace un año no se abre. Dicen que hay un guerrillero. Las celdas no tienen número, los presos no tienen nombre, la cárcel clandestina depende del general Guillermo Suárez Mason y es conocida como Coti Martínez.

Yo estoy en el dormitorio de la guardia, en el primer pasillo, atado a la cama después de la paliza que me dieron el día que me trajeron desde la central de policía de Buenos Aires. Todas las celdas están llenas, y me tienen ahí porque no recibieron instrucciones claras sobre mí, o las instrucciones llegaron tarde. Nadie sabe por qué estoy ahí. Ya fui torturado, interrogado en los meses de abril y mayo de 1977, y estamos en junio y julio. Están intrigados. Luego reciben la orden de tenerme, pero sin molestarme. Nunca tuvieron un caso así, y no saben bien qué puede significar para el futuro. Cada uno a su manera intenta establecer algún tipo de diálogo conmigo. Suponen que quizás algún día volveré a dirigir un diario. Son profesionales, y no quisieran que por alguna vuelta de la política me dedique a perseguirlos.

Un guardia me pide trabajo para su hijo, que no quiere estudiar. Es un muchacho de catorce años que le crea problemas, y desearía que aprenda un buen oficio. Lo recomiendo a una Escuela de Oficios, y a pesar de que estoy desaparecido no le molesta visitar al director de esa Escuela, de parte mía, para solicitar un lugar para su hijo. No considera que está haciendo nada incorrecto, y me explica que simplemente hay que evitar que los ladrones –primero dice judíos, pero luego se corrige– se lleven el dinero de la Argentina. Tiene su moral: cuando el jefe lo envía a buscar un terrorista, si éste se resiste lo mata y a todos los que están con él, esposa, padres, hijos. Pero si el terrorista no se resiste, se lo lleva al jefe. Únicamente si el jefe le da la orden, le coloca el revólver en la nuca y lo mata. No mata por placer, únicamente por necesidad o por alguna orden. Dice que hay otros que lo hacen por placer o por espíritu deportivo, para competir con los demás en el número de "enfriados". Es un buen hombre que cuida su alimentación, trae sus propios cubiertos de su casa porque cree que los de la cocina común están contaminados, espera poder jubilarse pronto aun cuando es joven, pero por estar en una función peligrosa le computan doble los años de servicio. Cuando no están los jefes, me permite utilizar el baño de ellos.

Siempre hay alguien que viene a conversar conmigo. Poco a poco alivian mi situación. Ya no estoy todo el día y la noche encadenado a la cama. Solamente de noche, después incluso suprimen eso. Me permiten caminar por el patio siempre que haya algún guardia a la vista. Sobre la casa hay una torre con dos hombres con ametralladoras. Al principio la alimentación es muy mala, y luego me ofrecen la que come la guardia. Hay algunos presos que son personas de fortuna, y una vez concluidos los interrogatorios y las torturas gozan de un *status* especial si pueden pagar una suma diaria a los jefes. Se les permite cocinar, lavarse la ropa y, a algunos, conversar telefónicamente con sus familias.

Constantemente me preguntan por qué estoy ahí. Yo no lo sé y ellos tampoco lo saben. La única orden que tienen es cuidarme. Estoy con un número, sin nombre, pero mi foto salió tantas veces en los diarios que nadie ignora mi identidad. Sacan a veces a algunos presos al patio, y entonces debo permanecer en mi celda-habitación, pero puedo verlos a través de las ventanas.

Siempre al comienzo la disciplina es rígida, luego a medida que pasan los días se va corrompiendo. Creo que ya todos los presos saben que estoy aquí, menos los que están encerrados desde hace uno o dos años en una celda subterránea sin permiso para salir. También comienzo a conocer a algunos de los presos, y no puedo evitar escuchar los comentarios de los policías o militares sobre cada uno. Algunos familiares pagaron rescate suponiendo que estaban secuestrados por delincuentes. En ciertos casos los dejan salir después de recibir el rescate, en otros los matan a pesar de haber cobrado el rescate. Consideran que el rescate es una forma que tienen de financiar las operaciones, la existencia de este ejército paralelo, sin tocar los fondos del Estado. Pero cuando cobran un rescate la alegría es grande, se festeja con una fiesta, y sospecho que el dinero es repartido entre todos. Es lo que ha ocurrido con el enorme rescate pagado por la familia de Rafael Perrota para lograr su liberación. Por la forma en que cuidaban a este anciano periodista, cómo trataban de ocultarlo de la vista de los demás en este Coti Martínez, creo que nunca pensaron en dejarlo en libertad. De todos modos, esperaban del coronel Ramón Camps o del general Suárez Mason una decisión sobre si dejarlo en libertad o matarlo.

Tienen otros privilegios, que se descubren conviviendo con ellos con alguna libertad, o escuchando sus conversaciones. El Coti Martínez está ubicado en una zona de vida nocturna del norte de Buenos Aires. Los torturadores y sus jefes tienen derecho a controlar ciertos bares donde se ejerce la prostitución, pueden explotar a algunas mujeres, gozan de impunidad para proteger a explotadores de juego clandestino.

Mantienen en Coti Martínez arrestadas a tres jóvenes muchachas, muy hermosas, que sirven a sus caprichos sexuales. Las muchachas, acusadas de terrorismo, son muy jóvenes, quizás entre veinte y veintidós años. Fueron torturadas, violadas, y lentamente corrompidas por esa necesidad que tiene el preso de construirse algún tipo de vida que le otorgue cierta esperanza, alguna conexión natural con la vida, algún tipo de realidad que no sea la evasión por la locura o el suicidio. Quieren vivir, y aceptan la vida de los torturadores antes que resignarse a la vida del torturado, o la vida del aislado, de ese fantasma que hace un año está en una celda, y se lo oye toser día y noche. Se establecen relaciones curiosas, y una de las muchachas, amante del jefe, logró que su padre fuera autorizado a vivir con ella. Están los dos en la misma celda, y el padre terminó por hacerse amigo del amante de la hija. El padre es ingeniero electrotécnico y se ocupa de todos los menesteres del Coti Martínez, especialmente lo que se refiere a las luces, las máquinas para aplicar los shocks eléctricos. Sale a hacer las compras, me trae una naranja, me sirve a veces algún trozo de carne con la comida.

Es un universo para resignados o locos. Y no sé qué hago ahí con todo mi bagaje de meditación, de disposición al Holocausto, de predicciones sobre el futuro inevitable, esa inevitabilidad del triunfo de la verdad, de la democracia, de los derechos humanos. A veces hablo, con los guardias que me visitan, de estos temas. Y no saben qué hacer. Normalmente me hubieran golpeado por decir algo así, pero no tienen instrucciones.

Por las noches son las sesiones de tortura, y ponen música para tapar los gritos de los torturados. Por las mañanas me preguntan si escuché algo. A veces, en plena sesión de tortura, les falta algún dato, y me buscan para cerciorarse. Cuándo dijo Lenin tal cosa; cuándo decidió Herzl construir un Estado judío en Uganda; quién fue ministro de Defensa de tal gobierno argentino.

Se alegran cuando me retiran de ese lugar. Uno me hace una broma: *Cuando salgas en libertad nos mandás matar a todos.*

Me sacan de ahí porque se anuncia la visita a la Argentina de un congresal de los Estados Unidos, Benjamin Gilman, quien se interesa por mi situación. Me llevan a la Casa de Gobierno, donde Gilman tiene una entrevista con el presidente de la República. Me advierten que mi conversación con Gilman será grabada, y entonces sé que no me amenazan a mí sino a mi esposa e hijos. Y ahí estamos en la Casa de Gobierno de Buenos Aires, Benjamin Gilman preguntándome con los ojos frente a un funcionario argentino, y yo tratando de decirle con los ojos. Esas miradas que sólo pueden entender quienes alguna vez tuvieron que mirar de ese modo, colocar los ojos de ese modo, y para las cuales no hay ni habrá palabras que puedan explicarlas. Esas miradas.

Como no hay palabras para imaginar qué había en los ojos de ese padre cuando se despedía de un hijo a la hora de la tortura. De la tortura de los dos.

Cuando tomaron el poder en marzo de 1976, las Fuerzas Armadas argentinas ya tenían elaborada toda la filosofía de la represión. Cuando entraron de lleno en la represión, cuando desataron su locura, cuando fueron descubriendo que la represión en su diaria manifestación iba conformando un cuadro similar al de otras masacres, comprendieron que el veredicto que los esperaba no podía ser diferente del veredicto que había sido aplicado a aquellas otras masacres. Hoy los militares argentinos piensan en el Tribunal de Nuremberg no como un hecho histórico, sino como una posibilidad. Se sienten, todavía, justificados por la historia, pero presienten que no serán perdonados por sus contemporáneos. Creen todavía que la historia cubrirá sus destinos personales, pero temen que sus personas no sean perdonadas en lo que les queda de vida.

Es curioso hasta qué punto estos últimos cuatro años de la Argentina repiten en otro contexto geográfico, en otra cultura, en otra época, en otro momento del calendario, el mundo de terrores, odios, locura, delirio que gobernó el episodio hitlerista en Alemania.

Cuando se acercaba el previsible final de la explosión satánica que habían desatado en Europa, los jerarcas alemanes, muchos de ellos, se refugiaban en explicaciones místicas sobre su papel en la historia de la Humanidad. Los militares argentinos tratan hoy de convencer a la Humanidad de que fueron los primeros en enfrentar la tercera guerra mundial, la definitiva guerra contra el terrorismo de izquierda.

Los nazis consideraron que era su obligación llevar la guerra hasta sus últimos mecanismos, porque esos mecanismos –cualquiera fuera su crueldad– les fueron impuestos por el destino histórico que estaban jugando. Los militares argentinos estiman que no desataron la crueldad, sino que la guerra contra el terrorismo les fue impuesta, y que en ese caso los mecanismos importan menos que el destino. La crueldad es un mecanismo accesorio que no necesita ni justificación ni explicación. Este común denominador de la existencia del horror como resultado de la aceptación voluntaria de un destino impuesto, se manifestó en la Alemania del 30 y la Argentina del 70, con las mismas características.

En la Alemania nazi, los judíos eran culpables por nacimiento; los liberales, por débiles y corruptos, los comunistas, por ideología. La misma ecuación de culpabilidad conformó el Enemigo de los militares argentinos.

Los nazis protestaron ante el mundo porque su lucha no era comprendida. Exigieron al mundo que entendiera que sacrificaban un pueblo ante el enemigo de toda la Humanidad, ese enemigo que constituía la gran conspiración judeo-marxista-capitalista. Los militares argentinos están convencidos de que sólo lo que califican de Campaña Antiargentina ha impedido que el mundo contemporáneo comprendiera el servicio que prestan a la Humanidad. Sólo esa Campaña Antiargentina logra que la atención pública mundial se centre en los torturados, los presos, los desaparecidos, y no en el hecho de que la Argentina ha constituido el terreno donde por primera vez el terrorismo es derrotado sin piedad.

Los militares argentinos, al igual que los gobernantes nazis de Alemania, lograron reducir al mínimo la oposición a sus teorías en su propio país. Al igual que en Alemania, son felices en la Argentina quienes no son tocados por la represión, por la violencia, por la irracionalidad.

Como en Alemania, son la mayoría. Y como en Alemania, gozan de los beneficios de un orden erigido para los ordenados, para los que se ajustan al orden establecido.

Los judíos de Alemania, en esos años entre 1933 y 1938, estaban convencidos de que las cosas mejorarían, y aguantaban. Amaban sus casas, sus costumbres, se sentían alemanes. Los judíos argentinos que no son tocados por la irracionalidad se sienten molestos cuando se les pregunta por los judíos desaparecidos, por el tratamiento a los presos judíos, por las fotografías de Hitler en las cárceles clandestinas, en los cuarteles. Los judíos alemanes sostenían que había una posibilidad de resolver el problema todavía; los judíos de la Argentina aseguran que las experiencias que se están viviendo no constituyen una política sino una excepción; las agresiones antisemitas, una explosión individual de sentimientos aislados de algunos jefes militares, no una filosofía ni siquiera una ideología.

Algunos liberales alemanes pasaron a la clandestinidad durante el nazismo, muy pocos; otros escaparon del país. La mayoría trató de perder su propio rostro para sobrevivir dentro de Alemania. Los liberales argentinos también tratan de sobrevivir imaginando que la falta de una denuncia específica de los crímenes que se cometen posibilitará alguna solución de común acuerdo con otros militares. Se produce una complicidad al estilo argentino, similar a la complicidad que gobernó la Alemania de quienes decían que no sabían lo que estaba ocurriendo.

Los alemanes consideraban traidores a quienes en el exterior denunciaban los crímenes nazis. Los militares argentinos consideran antiargentinos a quienes en el exterior señalan este fenómeno increíble de un país civilizado y culto que a fines de la década del 70 repite ese universo increíble, esa perversión de la naturaleza humana que fue la Alemania de hace cuarenta años.

No es entonces la suma de los horrores, la larga enumeración de los crímenes cometidos, el análisis de los métodos con que se combatió al terrorismo de izquierda y la explicación de los métodos con que se hubiera podido combatir sin llegar al terrorismo del Estado; no es entonces la clarificación del papel jugado por el terrorismo del Estado ni la inclinación agresiva, enfermiza de los militares argentinos por el antisemitismo, lo que constituye la clave de estos años argentinos.

Tampoco el análisis y estudio de esa tendencia antisemita que se manifestó abiertamente a través de una secuencia de escándalos cuidadosamente preparados contra judíos prominentes, de acusaciones que nunca fueron confirmadas por los hechos, ni la preocupación y dedicación de los dirigentes de la comunidad judía argentina de ocultar esos hechos a la opinión pública mundial, disfrazándolos de situaciones excepcionales, de situaciones personales y aisladas. A pesar de que, al igual que en Alemania, los militares argentinos se apoderaron de empresas, bancos, joyas, propiedades, muebles de los judíos perseguidos. Ni tampoco es la clave argentina, lo interesante del caso argentino, el que, al igual que en los países totalitarios, la mayoría de la prensa pudo, prefirió, sobrevivir aliándose a esa guerra sicológica antisemita, antidemocrática, a ese ocultamiento de todos los crímenes mediante la dedicación a otras realidades, asumiendo una ignorancia capaz de justificar, de demostrar en el futuro una total inocencia.

No, creo que la clave de este momento, ese profundo misterio, es otro. ¿Cómo puede un país reproducir en cada detalle aunque utilice otras formas, en cada argumento aunque utilice otras palabras, los mismos crímenes monstruosos que fueron condenados en forma explícita, explicados con toda claridad, hace tantos años? Ese es el misterio argentino: que el mundo no haya podido evitar algo que parecía haber sido destruido para siempre en las cenizas del Berlín de 1945, en las horcas del Juicio de Nuremberg, en la Carta de las Naciones Unidas. Que en un país no muy importante haya podido coexistir con el resto de la Humanidad, en la década del 70, una explosión de lujuria asesina sin necesidad de ideología, sin necesidad de desesperación. Sólo como un resabio de aquella época, y prenunciando que esos resabios siguen vigentes y pueden volver a repetirse, una y otra vez, casi sin esperanza.

Pero, al menos, los asesinos argentinos tienen miedo. Y piensan en Nuremberg. Quizás aquí radique la otra clave. Y la única esperanza: que el crimen no quede impune.

Epílogo

Los policías de las cárceles clandestinas gustaban bromear. Era una especie de omnipotencia, un ejercicio de la omnipotencia que consistía en modificar una situación de horror en un divertimento. Cuando llevaban a algún preso político a la cámara de tortura, solían comentar entre ellos: ¿cantará una ópera o un tango? Si obtenían poca información, era un tango. Cuando llevaban a un preso judío, las bromas se referían a las cámaras de gas, Auschwitz, "les mostraremos a los nazis cómo se hacen las cosas". La omnipotencia también aparecía en las formas del consuelo: "Bueno, no te preocupes, sólo se muere una vez". Y siempre, formas aparentemente normales de la degradación. Por ejemplo, reunir a todos los presos de una cárcel clandestina en una sola celda, tirados uno encima del otro, hombres y mujeres que trataban de adivinar su propio destino en cualquier gesto de los guardias, con el pretexto de que había que hacer una limpieza general.
A pesar de ello, cuando a uno lo preparaban para un traslado, los ojos vendados, las manos atadas a la espalda, tirado en el suelo posterior de un coche y tapado con una manta, prefería quedarse en la cárcel clandestina. Nunca sabía si lo llevaban a un interrogatorio, a una tortura, a una muerte, a otra cárcel donde tendría que descubrir nuevamente los mecanismos patéticos de la supervivencia.

Cuando después de un año de diferentes cárceles comenzaron los diarios a publicar rumores de que sería trasladado a mi casa bajo arresto domiciliario, las embajadas de Israel y Estados Unidos en Buenos Aires temieron que esa decisión fuera una invitación a los sectores más duros de las Fuerzas Armadas a tratar de liquidarme antes de que el traslado ocurriera. La Embajada de Estados Unidos informó a mi esposa que consideraba que, en el momento en que debía ser trasladado, que seguramente sería mantenido en secreto, me declarara enfermo, simulara un ataque al corazón, o cualquier cosa parecida, y solicitara la presencia de algún médico conocido. De ese modo ellos podrían tomar conocimiento del hecho, pondrían una ambulancia a disposición de mi esposa, y estarían en condiciones de controlar de algún modo el episodio. No fue necesario, pero incluso este traslado a mi casa tuvo todos los elementos de la angustia, el terror.

Ya hacía treinta meses que estaba preso cuando comenzaron los diarios de Buenos Aires a publicar trascendidos. La Corte Suprema de Justicia ordenaría al gobierno disponer mi libertad porque no había cargos contra mí. Cuando en setiembre de 1977 el Tribunal Militar declaró que no había cargos y que estaba en libertad, quedé preso a las órdenes del presidente de la República; cuando en julio de 1978 la Corte Suprema de Justicia declaró que el presidente no podía arrestarme si no había cargos contra mí, quedé preso a las órdenes de la Junta Militar. Y hubo un episodio curioso: un abogado, asesor legal de las instituciones judías de Buenos Aires, dictaminó que mi arresto no era ilegal ya que no se había desobedecido a la Corte Suprema: ésta había ordenado al presidente, pero no a la Junta Militar, mi libertad.

Finalmente, en setiembre de 1979, la Corte Suprema volvía a actuar, y se suponía que ordenaría mi libertad. Cuando tomó esa decisión, en vez de informar a mi esposa o a mi abogado, como corresponde a las normas jurídi-cas, informó al gobierno su decisión, que era mantenida en secreto. Los generales, en reunión especial, decidieron que no me dejarían en libertad aun con orden de la Corte. La Corte Suprema amenazó con su renuncia. Los genera-les estaban dispuestos a arrestar a la Corte. El presidente de la Nación, general Videla, informó que si la Corte re-nunciaba también él presentaría la renuncia. Mi esposa estaba en Washington trabajando con un grupo de con-gresales que presionaban intensamente al gobierno argen-tino. También el Vaticano se estaba ocupando del asunto. Y tuve que vivir entonces el último traslado.

Es martes por la mañana. Los diarios de Buenos Aires informan que hay agitación en los cuarteles del Ejército, y los altos oficiales discuten la actitud a adoptar con la de-cisión de la Corte Suprema de ordenar mi libertad. Se anuncian reuniones inminentes de la Junta Militar. Se di-ce que el miércoles habrá una reunión definitiva y que los generales pondrán a votación mi caso.

Es mediodía del martes, y el rabino Roberto Graetz, miembro de la Asamblea Permanente de Derechos Huma-nos, me visita. Ahora vive en Río de Janeiro porque dos ve-ces atentaron contra su vida en Buenos Aires. Me dice que nota un aumento considerable de policías en torno a mi ca-sa, y que tuvo dificultades en entrar. Su esposa me envía una torta. Sólo le permiten estar cinco minutos, y se retira.

Una hora después un alto funcionario policial llega. Nunca lo había visto antes. Lo acompaña el jefe policial de la zona en que está ubicada mi casa. Me dice que me tras-ladará a otro lugar, donde debo firmar unos papeles. Que lleve un bolso con un poco de ropa. Me niego. Insisto en que me diga adónde voy, o que llame a mi abogado o a mi rabino. No quiere. Si no voy pacíficamente, me llevarán por la fuerza. Discuto mientras él recibe un llamado telefónico. Contesta que ya sale. Cuelga el auricular, e insiste en que está muy apurado. Estoy solo en el departamento, y me angustia que no haya testigos de mi traslado.

Por un ascensor cargado de policías descendemos al subsuelo del edificio, donde en el garaje nos espera un coche particular, sin señas policiales. Me dicen que ocupe el asiento de atrás. Gran despliegue de policías sin uniforme. En el coche me siento junto a una mujer elegantemente vestida, joven. Le pregunto si también es una presa, y me dice que es policía. Viajamos velozmente, acompañados por varios automóviles particulares cargados de hombres de civil. Tratan de evitar ser reconocidos.

Así llegamos a las oficinas de la Seguridad Federal, donde me informan que mi ciudadanía ha sido cancelada, que soy expulsado del país, y que inmediatamente seré trasladado al aeropuerto. Declaro que la decisión es ilegal ya que solamente un juez puede tomar esa medida, pero que de todos modos para que sea efectiva deben transcurrir sesenta días durante los cuales tengo derecho a apelar. "Apele desde Israel", me dice el ayudante del ministro del Interior. Así me informo de que voy a Israel. Me entregan un pasaporte que sólo es válido por dos días, el encargado de negocios israelí es introducido en la habitación, y aplica la visa a mi pasaporte. Insiste en acompañarme. Hay una breve discusión, y dice que no me dejará ir solo, que quiere acompañarme hasta el avión. Salimos todos juntos del edificio. Todavía siguen discutiendo. Hombres de la seguridad israelí esperan en la planta baja, donde están estacionados los automóviles, y hay un clima de gran tensión. Un funcionario policial indica entonces que iremos hasta un helipuerto, ya que me llevarán en helicóptero hasta el aeropuerto, distante treinta kilómetros de la ciudad, y que los funcionarios israelíes pueden seguirnos en su propio coche.

Una vez en el helipuerto, nuevamente los hombres de

la seguridad israelí insisten en acompañarme hasta el avión. Nadie discute ahora, pero el clima es agobiante. Entonces un funcionario superior dice que no puede haber acompañantes en el helicóptero que me llevará a mí, pero que un segundo helicóptero nos irá cubriendo por si hay un atentado desde tierra, y que en éste puede viajar el encargado de negocios.

Así llegamos al aeropuerto, donde hace dos horas que está retenido un avión de Aerolíneas Argentinas con destino a Roma. Con el jefe de la patrulla policial, el comandante del aeropuerto, una patrulla de soldados de la Fuerza Aérea y el funcionario israelí, entramos al avión. Me dan un asiento. Mis acompañantes se retiran. El avión despega.

Tiempo después, supe por mi esposa que la Embajada de Estados Unidos tenía preparados pasajes en un avión americano y a un grupo de hombres del FBI para trasladarme a Washington. También supe que a lo largo de las paradas del avión –Río de Janeiro, Madrid, Roma– hombres de seguridad de varios países controlaron mi presencia para evitar cualquier atentado.

También supe, porque lo publicó un diario argentino, que quince minutos después de la salida de mi casa, un grupo de militares llegó con la intención de secuestrarme. Y en el viaje en helicóptero, uno de los policías me dijo que no pudieron informarme en mi casa de mi expulsión del país porque varios servicios de seguridad tenían instalados aparatos de escucha que les podrían haber advertido que saldría vivo del país.

Hace dos días que me encuentro en Israel. Estoy pasando los días del Iom Kippur en el kibutz Ein Shemer, donde vive uno de mis hijos. Escucho por la radio que mencionan mi nombre y a la Argentina, y también al general Menéndez. No entiendo hebreo, y me traducen que el general Menéndez, jefe de la principal agrupación militar argentina, ha iniciado una revolución tratando de derrocar al gobierno porque fui puesto en libertad.

Tuve un sobresalto. Mis reflejos todavía estaban condicionados a la Argentina. Me pareció real, posible, inevitable. Sentí que no podría escapar. Y sin embargo, el general Menéndez, que había actuado como un Dios, que había decidido con un gesto simple, suave, la vida o la muerte de tantas personas en el campo de concentración "La Perla", que él dirigía, no podía alcanzarme. Todavía podía hundir a la Argentina en una guerra civil, podía todavía enviar a las cámaras de tortura, a los hornos crematorios, lanzar al fondo de los lagos a muchos argentinos, pero ya no podía alcanzarme. Más bien, era su paranoia la que estaba al alcance de mi mano, pero él no podía alcanzarme.

Y es con esta sensación, de que estoy lejos de la paranoia nazi que enloqueció de pronto al país más culto de América latina, como una vez había enloquecido al país más culto de Europa, como llego al final del libro.

Sé que debe haber un mensaje, o una conclusión. Pero eso sería una forma de poner punto final a una historia típica de este siglo, a mi historia. Y no tiene punto final. No he perdido ninguna de mis angustias, nada de mi ideología, ninguno de mis amores ni de mis odios. Estoy esperando, excitado, apasionado. Sé que en cualquier momento, hoy o mañana estaré de vuelta lanzado a la gran aventura de ser un hombre independiente, un judío independiente, un periodista independiente. Sé también que el pueblo argentino no dejará de llorar a sus muertos, porque en su historia –muchas veces terrible– ha sabido ser leal a sus tragedias. Sé también que logrará vencer a los paranoicos de todos los extremos, a los cobardes de todos los sectores. Y sabrá ser feliz.

¿Alguien de ustedes miró alguna vez en los ojos a una persona, en el fondo de una celda, que sabe que va a morir aunque nadie se lo dijo? Sabe que va a morir, pero se aferra a su biología que quiere vivir, como una última esperanza, porque nadie le dijo que será ejecutado.

Tengo muchas de esas miradas clavadas en mí.

Cada vez que escribo o pronuncio palabras de esperanza, de confianza en el triunfo definitivo del hombre, me asusto: temo perder alguna de esas miradas. De noche las recuento, las recuerdo, las vuelvo a mirar, las limpio, las ilumino.

Creo que esas miradas, en las que he entrado en las cárceles clandestinas de la Argentina, y que he guardado conmigo una a una, fueron el punto culminante, el momento más puro de mi tragedia.

Están aquí hoy conmigo. Y aunque quiera hacerlo, no podría, no sabría cómo compartirlas con ustedes.

Índice

THE AMERICAS

Jorge Amado
Tent of Miracles

Jorge Amado
Tieta

Gioconda Belli
The Inhabited Woman

Alfredo Bryce Echenique
A World for Julius: A Novel

Rubén Gallo, editor
The Mexico City Reader

José Luis González
Ballad of Another Time: A Novel

W. H. Hudson
The Purple Land

Muna Lee
A Pan-American Life: Selected Poetry and Prose of Muna Lee
Edited and with biography by Jonathan Cohen

J. A. Marzán
The Bonjour Gene: A Novel

Horacio Quiroga
The Decapitated Chicken and Other Stories

Edgardo Rodríguez Juliá
San Juan: Ciudad Sonada

Moacyr Scliar
The Centaur in the Garden

Jacobo Timerman
Preso sin Nombre, Celda sin Número

Jacobo Timerman
Prisoner without a Name, Cell without a Number

David Unger
Life in the Damn Tropics: A Novel